CATALOGUE.

CATALOGUE

DE LA SECONDE PARTIE

DU

CABINET

DE

GRAVURES,

LAISSÉ PAR FEU SON EXCELLENCE

MONSIEUR JEAN GISBERT BARON VERSTOLK DE SOELEN,

Ministre d'Etat, membre de l'Institut Royal des Pays-Bas,
et de l'Académie Royale des beaux arts à Amsterdam,

COMPOSÉE DU MAGNIFIQUE ET CÉLÈBRE OUVRAGE D'ESTAMPES, PAR

REMBRANDT VAN RHYN,

ET PAR LES ARTISTES DE SON ÉCOLE,

FERDINAND BOL, JEAN LIEVENS, JEAN GEORGE VAN VLIET, &c. &c.

Contenant les états les plus rares, ainsi que des épreuves superbes, provenant des Collections Européennes les plus renommées, comme de celles de A. HOUBRAKEN, P. MARIETTE, JOHN BARNARD, VIVANT DENON, MORITZ COMTE DE FRIES, POLE CARREW, LE DUC DE BUCKINGHAM, ROBERT DUMESNIL, T. WILSON, Chev. de CLAUSSIN, et autres,

REDIGÉ PAR M^r. *A. BRONDGEEST.*

La vente aura lieu à la maison dite » *het Huis met de Hoofden,*" Keizersgracht, entre le Leliegracht et la rue, dite Heerenstraat, à Amsterdam, le Mardi 26 Octobre 1847 et jours suivants;

PAR

JÉROME DE VRIES,
ALBERT BRONDGEEST

ET

CORNEILLE FRANÇOIS ROOS,

chez lesquels on pourra se munir du catalogue, moyennant 50 cents, au bénéfice des pauvres.

L'exposition publique aura lieu le Lundi, 25 Octobre 1847.

ORDRE ET CONDITIONS DE LA VENTE.

La vente s'ouvrira Mardi 26 Octobre 1847, et sera continuée sans interruption les Jours suivants, depuis $10\frac{1}{2}$ heures du matin jusqu'à 2 heures de relevée, pour être reprise le même jour, à 6 heures jusqu'à 9 heures du soir.

Elle aura lieu suivant l'ordre des Numéros, tel qu'il est indiqué dans ce Catalogue; toutefois si un assez grand nombre d'acheteurs témoignait avant la vente, le désir de réunir tous les Numéros en bloc, les vendeurs se réservent le droit d'accueillir la demande ou de la rejetter.

Les gravures seront vendues dans l'état où elles se trouvent, sans qu'on soit admis à faire valoir la moindre réclamation de ce chef. — Les objets vendus devront être acceptés au prix de l'adjudication tels qu'ils se trouvent, soit qu'ils aient été vus ou non par les acheteurs.

La vente se fera au *comptant*, payable en espèces, ou papierargent, ayant cours dans le Royame des Pays-Bas.

Les objets achetés devront être enlevés et payés après chaque séance. Les Vendeurs se réservent le droit de procéder de suite à la revente de ceux qui n'auraient pas été payés, soit pendant la durée de la Vente, soit après qu'elle aura été terminée, en répétant contre les acquéreurs qui seraient restés en défaut, les frais et la perte que la revente occasionnerait.

Les acheteurs seront tenus de payer $7\frac{1}{2}$ cents additionnels par florin.

On conservera soigneusement les objets achetés, sans cependant être responsable de dégat, perte ou dommage.

Bien qu'on ait tâché de faire la description avec soin et exactitude, les vendeurs ni l'auteur de ce catalogue, sont dans aucune manière responsables des erreurs qui pourraient s'y être glissées, sous le rapport des *auteurs* et des *épreuves ou états*.

OEUVRE DE REMBRANDT.

PREMIÈRE CLASSE.

Portraits de REMBRANDT.

	BARTSCH.		CLAUSSIN.		
	Nº	état.	Nº	état.	
1. REMBRANDT, AUX CHEVEUX CRÉPUS. EXTRÊMEMENT RARE. Voyez la note de *Claussin.*			1.	1er. St.	22.50
2. Idem.				2me.	5.50
3. Rembrandt, aux trois moustaches. *Rare.*	2.		2.	1er.	10.
4. Idem.				2me.	5.25
5. REMBRANDT, PORTANT UN OISEAU DE PROIE. *Très rare.*	3.		3.		32.
6. Rembrandt, au visage rond. EXTRÊMEMENT RARE. (Collect. *Pola Carew.*)					32.
7. Idem. *Très rare.*				2me. 3me.	13.50
8. Rembrandt, avec le bonnet fourré et l'habit noir. *Rare.* (Collect. *Dumesnil.*)					20.
9. Idem, avec moins de marge. *Rare.*					7.
10. REMBRANDT AU MANTEAU RICHE. On n'y voit que la tête, et les cheveux avec le chapeau. PRESQUE UNIQUE.					40.

NB. (L'Estampe est coupée et a été collée sur une autre feuille de papier.)

11. IDEM, la draperie gravée, mais sans broderie. EXTRÊMEMENT RARE.				2me. 3me.	45.

BARTSCH.   CLAUSSIN.
N°. état.   N°. état.

12. REMBRANDT, AU MANTEAU RICHE, le fond
couvert de tailles, la fraise est unie et
sans dentelles. *État non mentionné.*
PRESQUE UNIQUE. . . . . **7.**

13. Idem, la dentelle y est beaucoup
plus travaillée, on lit vers le haut:
» Rembrandt f. . . . . **7. 4me.**   **7. 7me. St.**

14. Idem, copie sans le monogramme.
Voyez *Claussin*, Suppl. pag. 3.

15. REMBRANDT, AUX CHEVEUX HÉRISSÉS, la
planche plus grande. INFINEMENT RARE. **8. 1r.**   **8. 1r.**

16. Idem, la planche est coupée, et la tête
un peu plus travaillée. . . . . » **2me.**   » **2me.**

17. Idem, encore plus travaillée. . . . . » **3me.**   » **3me.**

18. Idem, le toupet est couvert de tailles
et les ombres sont plus fortes. . . . . » **4me.**   » **4me.**

19. Idem, en tout comme le précédent.

20. Idem, entièrement retouchée. . . . . » **5me.**   » **5me.**

21. Idem, même épreuve.

22. REMBRANDT, FAISANT LA MOUE. *Très rare.* **10. 1r.**   **10. 1r.**

23. Idem. . . . . » **2me.**   » **2me.**

24. Rembrandt, coiffé d'un bonnet en forme
de toque; *sur papier de chine.* . . . **11. 1r.**   **11. 1r.**
Voyez la note de *Claussin.*

25. Rembrandt, la bouche ouverte; la
planche plus grande. *Rare.* . . . **13. 1r.**   **13. 1r.**

26. Idem, plus travaillée. . . . . . . » **2me.**   » **2me.**

27. Idem, même épreuve.

28. Idem,   idem.

29. Rembrandt, à bonnet et robe fourrés. **14.**   **14.**

30. Rembrandt, au manteau avec le collet
rabattu. (WILSON 1re.) . . . . . **15.**   **15.**

31. Idem, plus travaillée (Idem).

BARTSCH. CLAUSSIN.
N°. état. N°. état.

32. Rembrandt, au manteau avec le collet rabattu, entièrement retouché; les cheveux descendent plus bas sur la joue droite, et l'habillement plus ombré etc. (WILSON 2me.) . . . . 15. 15. 10.

33. Rembrandt, au bonnet rond. . . . . 16. 16. 10.

34. Rembrandt, avec l'écharpe autour du cou. . . . . 17.3me. 17.3me. 9.

35. Idem, comme le précédent.

36. Idem, plus travaillée que les précédentes, les retouches plus dures. . . . . . » » » 4me. 5.

37. REMBRANDT, TENANT UN SABRE; l'estampe plus grande et le cadre irrégulier. UNIQUE, NON MENTIONNÉE. . . . . . 18. 18. 220.

38. IDEM, celle qui est décrite; belle épr. 21.

39. REMBRANDT ET SA FEMME; Ir. état inconnu, avec la bordure supérieure. PRESQUE UNIQUE. . . . . 19. 19. 44.
(Collect. Revil.)

40. IDEM, celle qui est décrite. 10.

41. IDEM IDEM, sur papier de chine. 5.

42. IDEM, beaucoup plus travaillée, le fond teint à droite. 6.

43. IDEM, le portrait de sa Femme, remplacé par celui de sa Mère. Voyez les notes de Bartsch et Claussin. 10.

44. IDEM, épreuve ordinaire. 4.

45. REMBRANDT COIFFÉ D'UN BONNET, LA BOUCHE OUVERTE. Ce morceau n'est décrit dans aucun Catalogue. 32.

46. Rembrandt, au bonnet orné d'une plume, épreuve superbe avec les barbes. . . 20. 20. 17.25.

		BARTSCH. N°. état.	CLAUSSIN. N°. état.
47.	Rembrandt, au bonnet orné d'une plume, le coté ombré du visage moins nourri (Collect. *P. Mariette.*)	20.	20.
48.	REMBRANDT APPUYÉ, LE BONNET MOINS ACHEVÉ. *Épreuve magnifique et rare.* (Collect. *Pole Carew.*)	21.	21. Ir.
49.	IDEM, *belle épreuve.*		» 2me
50.	REMBRANDT DESSINANT, les mains et la manchette claire, sans banderolle au haut de la croisée. PRESQUE UNIQUE. (Collect. *Wilson.*)	22. Ir.	22. 3me.
51.	IDEM, la manchette ombrée, mais avant le paysage, non mentionnée par *Claussin.*	»	»
52.	IDEM, avec la manchette claire, avant le paysage.	» 3me.	» 6me.
53.	IDEM, mais plus travaillée. (Collect. *Pole Carew.*)	» »	» 7me.
54.	IDEM, avec le paysage.	22. 3me.	22. 9me.
55.	IDEM, mais plus travaillée.		
56.	IDEM, moins travaillée, le paysage au travers de la croisée, légèrement gravé à la pointe sèche.		» 8me.
57.	REMBRANDT TENANT UN SABRE. LA PLANCHE QUARRÉE. *Épreuve magnifique, de la plus grande rareté,* provenant de la collection de Mr. *Denon.* Selon *Claussin* on n'en connait que quatre exemplaires.	23. Ir.	23. Ir.
58.	IDEM, en forme ovale, avec quatre oreilles aux quatre extrémités de l'ovale.	» 2me.	» 2me.
59.	IDEM, en forme ovale.	» 3me.	» 3me.
60.	IDEM IDEM; épr. sup. (Collect. *Wilson.*)		

	BARTSCH. N°. état.	CLAUSSIN. N°. état.	
61. Rembrandt, au bonnet fourré et à l'habit blanc.. Voyez *Claussin* Suppl. pag. 7, N°. 8.	24	3me. St.	10.
62. Idem, les bords de la planche unis. (Collect. *Dumesnil.*)		4me. —	5.75
63. Idem idem.			5.25
64. REMBRANDT, AUX CHEVEUX CRÉPUS.	25. Ir.	25. I.	25.
65. Rembrandt, aux cheveux courts et frisés.	26.	26.	9.
66. Idem.	» 2me.	» 2me.	1.25
67. Rembrandt, aux cheveux crépus et au toupillon élevé.	27.	27.	26.
68. Rembrandt, sur une planche haute et étroite ; voyez *Claussin*. (Copie.)		32.	1.

DEUXIÈME CLASSE.

Sujets de l'Ancien Testament.

	BARTSCH. N°. état.	CLAUSSIN. N°. état.	
69. ADAM ET EVE, épreuve toute pre-mière, le contour supérieur du tertre, à la cuisse d'Adam, au trait, *non mentionnée*.	28. Ir.	34. Ir.	45.
70. IDEM, *épreuve superbe.* (Collect. *Dumesnil.*)			25.25
71. Abraham reçoit les anges. (Collect. *Dumesnil.*)	29.	35.	10.
72. Idem.			10.50
73. Agar renvoyée par Abraham, épr. sup.	30.	37.	20.
74. Idem.			16.

BARTSCH. CLAUSSIN.
N°. état.   N°. état.

75. ABRAHAM CARESSANT ISAAC, avant les tra-
vaux additionnels dans le fond ombré,
non mentionnée, fort rare. . . . . **33.**   **38.** V
(Collect. *Dumesnil.*)

76. IDEM, mais plus travaillée, *épr. sup.*

77. IDEM.

78. Abraham avec son fils Isaac, *épr. sup.*,
avec le monogramme et l'an 1645. . . **34.**   **39.**
(Collect. *Denon.*)

79. Idem, contre-épreuve.
(Collect. *Denon.*)

80. Idem, plus travaillée.

81. Idem, le même état que le N°. 79, magnifique épreuve avec les barbes, *sur
papier de chine.*
(Collect. *Esdaile.*)

82. Le sacrifice d'Abraham, *épreuve sup.*,
sur papier de chine. . . . . . . **35.**   **36.**

83. Idem.

84. QUATRE SUJETS POUR LE LIVRE
ESPAGNOL, avant que la planche ait
été coupée, épreuve magnifique et
PRESQUE UNIQUE, *sur papier de chine.* **36. I**r.   **40. I**r.

85. Un de ces Sujets, L'ÉCHELLE DE JACOB,
séparement. . . . .

86. Idem, IDEM IDEM. . . . . **2**mo.   **2**mo.

87. Idem, LE COMBAT DE DAVID CONTRE GOLIATH. » **I**r.   » **I**r.

88. Idem, le visage et le bonnet de
David y sont plus couvert de hachures
papi. de chine. . . . . **2**mo.   **2**mo.

89. Idem.

90. Idem, LA STATUE DANS LE SONGE DE
NABUCHODONOSOR, *épreuve superbe et
rare, sur papier de chine.* . . . . » **I**r.   » **I**r.
(Collect. *Denon.*)

BARTSCH. CLAUSSIN.
N°. état. N°. état.

91. Idem, les jambes de la figure tiennent au tronc ; avec le globe terrestre et deux cintres, pour marquer une niche au dessus de la tête, *sur papier de Chine.* 36. 2me. 40. 2me.

92. Idem, mais avec les noms de différens peuples gravés sur la figure. 3me. 3me.

93. Idem, LA VISION D'EZÉCHIEL, (*parchem.*)

94. Idem. 2me. 2me.

95. Joseph racontant ses songes devant sa famille, la face du frère de Joseph, qui est debout derrière lui, est sans tailles ; *épreuve superbe* et *rare.* 37. 1r. 41. 1r.

96. Idem, le frère de Joseph le visage ombré et le rideau du lit vers la droite, etc., *sur papier de chine, rare.* » 2me. » 2me.

97. Idem.

98. Jacob pleurant la mort de Joseph, belle épreuve. 38. 42.
(Collect. *Dumesnil.*)

99. Idem, en tout comme le précédent.

100. Joseph et la femme de Potiphar. 39. 43.

101. Idem.

102. LE TRIOMPHE DE MARDOCHÉE, *épreuve magnifique,* avec les barbes, épreuve antérieure. 40. 44.
Voyez *Claussin,* Suppl. N°. 15.

103. IDEM, *belle épreuve.*
(Collect. *Denon.*)

104. David priant Dieu. 41b 45.

105. Idem.

106. Idem, plus travaillée.

107. Tobie le père, aveugle. 42. 46.

108. Idem, avec les barbes.

BARTSCH. CLAUSSIN.
N°. état. N°. état.

85. 109. L'ANGE QUI DISPARAIT DEVANT LA FAMILLE DE TOBIE, la draperie qui sert de coiffure à la femme de Tobie, claire, etc.; EXTRÊMEMENT RARE . . . . . . 43.   47. 1r.   *6. p. m.*
Voyez *Claussin*, Supp. pag. 11.
(Collect. *Dumesnil.*)

13. 110. IDEM, plus travaillée, *belle épreuve.* . . . . 2me.

111. IDEM, contre-épreuve du précédent. . . . . . .   Idem.

15. 112. IDEM.
(Collect. *Dumesnil.*)

113. IDEM . . . . 3me.

TROISIÈME CLASSE.

Sujets du Nouveau Testament.

BARTSCH. CLAUSSIN.
N°. état. N°. état.

90. 114. L'annonciation aux bergers, *belle épr.* 44. 2me. 48. 3me.   *6.*

5. 115. La Nativité, état non mentionné. 45.   49.
(Collect. *Dumesnil.*)

116. Idem, plus travaillée.
(Collect. *Dumesnil.*)

117. Idem, état non mentionné.

118. Idem, état non mentionné et plus ébarbé, *rare.*

35. 119. L'adoration des bergers, *épreuve superbe et rare.* . . . . 46. 1r.   50. 1r.   *6.*

120. Idem, en tout comme le précédent.

121. Idem, *belle épreuve; rare.* . . . . . . 2me.   2me.   *6.*

122. Idem . . . . 3me.   3me.

BARTSCH. CLAUSSIN.
N°. état. N°. état.

tr. 6.   123. La Circoncision, état non mentionné,
     le fond moins travaillé. . . . . 10·50

124. Idem, seconde épreuve, le fond
     ombré jusqu'à la bordure.

6.   125. Idem, première épreuve non mention-
     née, comme le N°. 123.
        (Collect. *Denon.*)

126. Idem, seconde épreuve.

127. Idem idem.

6.   128. Autre Circoncision, *belle épreuve.*   48.   52.   16·50
        (Collect. *Denon.*)

2ᵉ état. 129. Présentation au temple, toute première
     épreuve ébarbée; *fort rare.* . . . 49. 1ʳ. 53. 1ʳ.   70.

130. Idem, avec Sᵗ. Siméon, la tête couverte
     d'une calotte, etc., *belle épreuve.* . » 2ᵐᵉ. » 2ᵐᵉ.   21.

131. Idem. . . . . » 3ᵐᵉ. » 3ᵐᵉ.   7.

tr. 6.   132. Présentation au temple, toute première
     épreuve non ébarbée; EXTRÊMEMENT
     RARE, *sur papier de chine.* . . . . . 50.   54.

133. Idem, moins chargée de manière noire,
     seconde épreuve. . . . .

134. Présentation au temple. . . . . . 51.   55.

135. Idem, moins ébarbée.

6.   136. Fuite en Égypte, — avec le fond salé,
     rare . . . . 52.   56.

137. Idem.

6.   138. Idem, après les retouches.

139. Idem, Copie, et bis.

6.   140. FUITE EN ÉGYPTE, toute première et
     superbe épreuve. — *Très rare.* 53. 1ʳ. 57. 1ʳ.
        (Collect. *Denon.*)

BARTSCH.   CLAUSSIN.
N°. état.   N°. état.

18.   141. Fuite en Egypte, moins travaillée;
            épreuve vigoureuse; *rare.* ..   53. 2ᵐᵉ. 57. 2ᵐᵉ.   *tr. 6.*

      142. Idem, moins chargée de noir.   *6.*
      143. Idem, retouchée.
      144. Idem, plus travaillée.   *6.*
41.   145. Idem, comme le précédent.
      146. Idem, plus vigoureuse.
      147. Idem, épreuve ordinaire.
      148. Idem, avec la supercherie.

10.   149. Fuite en Egypte, avec la jambe droite
            de St. Joseph, ombrée par devant,
            rare. . . . .   54. 2ᵐᵉ. 58. 2ᵐᵉ.

5.   150. Idem, avec la jambe droite de
            St. Joseph, couverte d'une taille
            légère. . . . .   » 3ᵐᵉ.   » 3ᵐᵉ.
            (Collect. *Esdaile.*)

10.   151. Idem. . . . .   » 4ᵐᵉ.   » 4ᵐᵉ.
      152. Idem. . . . .   » 5ᵐᵉ.   » 5ᵐᵉ.

20.   153. Fuite en Egypte, épreuve non ébarbée
            et superbe. . . . .   55.   59.   *6.*
      154. Idem.

376. 155. FUITE EN EGYPTE, moins travaillée
            dans toutes les parties, état non men-
            tionné; *épreuve superbe* et UNIQUE. 56.   60.   *6.*
            (Collect. *Wilson.*)

122. 156. IDEM, les figures de St. Joseph et
            de la Ste. Vierge plus visibles, *belle*
            épreuve; très rare. . . . . » 1ʳ.   » 1ʳ.   *6.*

50.   157. IDEM, les figures, ainsi que les ter-
            rasses autour d'elles sont claires.   » 2ᵐᵉ.   » 2ᵐᵉ.   *6.*

BARTSCH. CLAUSSIN.
N°. état. N°. état.

158. Repos en Egypte, avant l'âne et l'arbre
blanc, non mentionnée; EXTRÊMEMENT
RARE. . . . . 57.   61.
(Collect. *Pole Carew.*)

159. Idem, avant l'âne; *très rare.* . . . . » 1ʳ.   1ʳ.   25.
(Collect. *Dumesnil.*)

160. Idem, avec l'âne; les arbres n'y sont
pas encore ombrés de hachures. . . » 2ᵐᵉ. » 2ᵐᵉ.   12.

161. Idem, idem. ——————————————————   5.

162. REPOS EN EGYPTE, gravée au trait;
belle épreuve. . . . . 58.   62.   16.
(Collect. *Dumesnil.*)

163. Retour d'Egypte, épreuve superbe et
non ébarbée, sur pap. de chine. . 60.   64.   44.
(Collect. *Pole Carew.*)

164. Idem, en tout comme le précédent,
papier ordinaire.   31.

165. La Sainte Vierge et l'enfant Jésus
sur des nues. . . . . 61.   65.   10.

166. Idem. ——————————————————   8.

167. La Sainte Famille. . . . . 62. 2ᵐᵉ. 66. 2ᵐᵉ.   5·25

168. La Sainte Famille. . . . . 63.   67.   3.

169. Jésus Christ au milieu des Docteurs. 64.   68.   5·25.
(Collect. *Denon.*)

170. Jésus Christ disputant avec les Docteurs
de la loi; première et belle épreuve,
avec les barbes. . . . . 65.   69.   16.
(Collect. *Denon.*)

171. Idem, épreuve ordinaire. ——————————
(Collect. *Denon.*)   8.

172. Idem, copie à la manière noire. ——————————

		BARTSCH.	CLAUSSIN.
		N°. état.	N°. état.

55. 173. Jésus Christ au milieu des docteurs
      de la loi, de la plus grande rareté. 66. 1r. 70. 1r.   6.

40. 174. Idem, avec les deux figures placées
      à gauche, au bord de la planche,
      ombrées. Extrêmement rare. 2me.   6.

10. 175. Idem, la planche est diminuée, et on
      y voit deux scribes ajoutés à celui
      qui lit. 2me. 3me.

176. Idem, épreuve vigoureuse; rare.

90. 177. Jésus Christ prêchant, ou la petite
      tombe; épreuve superbe non ébarbée;
      très rare; sur papier de chine. 67. 2me. 71. 2me.   a . 6.
      (Collect. Dumesnil.)

43. 178. Idem, belle épreuve. 2me. 2me.   a . 6.

11. 179. Idem. . . . . 3me. 3me.

7.50 180. Le Dénier de César. 68. 2me. 72. 2me.

6. 181. Idem, en tout comme le précédent.

4.50 182. Idem, entièrement retouchée. . . . . » 3me. » 3me.

18. 183. Jésus Christ chassant les vendeurs hors
      du temple; belle épreuve. . . . . 69. 1r. 73. 1r.

10. 184. Idem, en tout comme le précédent.

6. 185. Idem. . . . . » 2me. » 2me.

5. 186. Idem, le lustre est remplacé par un
      paysage; non mentionnée.

16. 187. Idem, le dedans de l'arcade est tout
      à fait clair, le lustre est caché;
      cette estampe est travaillé à la ma-
      nière noire, sur papier de chine, non
      mentionnée.

31. 188. La Samaritaine, il n'y a nom ni
      année; rare. . . . . 70. 1r. 74. 2me.   6.

	BARTSCH.	CLAUSSIN.
	Nº. état.	Nº. état.

6,   **189.** La Samaritaine, *sur papier de chine.*   70. 2me 74. 2me   38.
(Collect. *Dumesnil.*)

190. Idem, épreuve vigoureuse, *sur papier de chine.* . . . . » 3me. » 3me.   28.

6,   **191.** Idem, retouchée à la manière noire.

192. Idem, *belle épreuve.*

193. Idem, épreuve plus claire.   5.50

2e état   **194.** Autre Samaritaine, *épreuve superbe,* non ébarbée. . . . . 71.   75. 1^r.   9.

195. Idem, avec deux lignes pararelles au bord supérieur, non mentionnée.   » 2me.   11.
(Collect. *Dumesnil.*)

a.6.   **196.** Résurrection de Lazare; *belle épr.,* *sur papier de chine.*   72.   76.   15.
(Collect. *Pole Carew.*)

196*. Idem, épreuve ordinaire. .   6.25

197. LA GRANDE RÉSURRECTION DE LAZARE; *épreuve superbe* et UNIQUE.
C'est l'estampe décrite par *Claussin.*   73.   77. 1^r.

198. IDEM; *très rare.* . . . . » 2me. » 2me.   300.
(Collect. *Dumesnil.*)

199. IDEM, belle épreuve non ébarbée. » 4me. » 6me.   46.

200. IDEM, mais un peu moins vigoureuse.   30.

201. IDEM, entièrement retouchée. . . . . » 5me. » 7me.   10.

202. LA PIÈCE DE CENT FLORINS,   1600.
DE LA PLUS HAUTE RARETÉ, ÉPREUVE
VIGOUREUSE ET MAGNIFIQUE, avant les
contretailles sur le cou de l'ane, et avec
les barbes aux figures, qui composent
la partie gauche et le premier plan,
sur papier de chine. . . . . 74. 1^r. 78. 1^r.
(Collect: *Denon* et *Wilson.*)

| | BARTSCH. | CLAUSSIN. |
| | N°. état. | N°. état. |

203. LA PIÈCE DE CENT FLORINS, BELLE ET SUPERBE ÉPREUVE, sous le rapport de l'harmonie, cette épreuve est égale à la précédente, *sur pap. de chine.* **74. 2**me**. 78. 2**me**.**

204. IDEM; en tout comme le précédent, sur papier ordinaire. . . . . » **2**me**.** » **2**me**.**

205. IDEM, épreuve non mentionnée. (Collect. *Dumesnil.*)

206. IDEM, épreuve ébarbée. . . . . . » **2**me**.** » **3**me**.** (Collect. *Denon.*)

207. IDEM, épr. retouchée par G. BAILLIE. » **3**me**.** » **4**me**.**

208. IDEM, la figure du Christ au milieu des malades. . . . . » **4**1 morc**.** » **5**1 morc**.**

209. IDEM, la partie droite de l'estampe, où l'on voit le malade couché en travers, sur une brouette. . . » **4**2 — » **5**2 —

210. IDEM; les sept spectateurs Juifs, *sur papier de chine.* . . . . » **4**4 — » **5**4 —

211. IDEM, l'homme debout, vû par le dos; *sur papier de chine.* . . . . . » **4**3 — » **5**3 —

212. IDEM, *belle épreuve,* cintrée par le haut, par G. BAILLIE, *sur pap. de chine.* » **4**5 — » **5**5 —

213. Jésus Christ dans le Jardin des Olives, épreuve non ébarbée, toute première. **75** **79**

214. Idem, *belle épreuve, sur pap. de chine.*

3.75 **215.** Idem, sur papier ordinaire.

216. JÉSUS CHRIST PRÉSENTÉ AU PEUPLE, épreuve décrite par *Claussin,* UNIQUE ET DE TOUTE BEAUTÉ, sur *papier de chine.* . . . . **76. 1**r**. 80. 1**r**.**

	BARTSCH.		CLAUSSIN.	
	N°.	état.	N°.	état.

217. JÉSUS CHRIST PRÉSENTÉ AU PEUPLE, de même sans nom ni année etc., *épreuve superbe.* . . . . . **76.**   **80. 2me.**

218. IDEM, sans le nom et avec l'année 1644, etc. . . . . » **4me.** » **5me.**
   (Collect. *Dumesnil.*)

219. IDEM, avec le nom et l'année, etc. » **2me.** » **3me.**

L'ECCE HOMO, N°. 77 B, 82 C,
voyez la remarque à la fin de ce Catalogue.

220. LES TROIS CROIX, la tête du vieillard affligé, emmené par quelques personnes, vers la gauche de l'estampe seulement au trait; ÉPREUVE SUPERBE DE LA PLUS GRANDE RARETÉ. . . . . **78. 1^r. 81. 1^r.**

221. IDEM, la tête du vieillard entièrement finie; avec le nom et l'année; EXTRÊMEMENT RARE. . . . . **2me. 2me.**
   (Collect. *Josi* et *Esdaile.*)

222. IDEM, en tout comme le précédent mais moins vigoureux; EXTRÊMEMENT RARE.

223. IDEM, totalement différente dans toute la composition du sujet, etc.; avec toutes les barbes; *épreuve superbe et très rare.* . . . . » **3me.** » **3me.**

224. IDEM, même composition.

225. IDEM, copie du 3me état.

226. Jésus Christ en croix entre les deux larrons; toute première épreuve avec les barbes. . . . . **79. 84.**

227. Jésus Christ en croix, avec le fond sale; *rare.* . . . . **80. 85.**

		BARTSCH.	CLAUSSIN.
		N°. état.	N°. état.
228.	Jésus Christ en croix, épreuve ordinaire.	80.	85.
229.	Idem, avec le fond couvert, retouchée à la manière noire.		
230.	Idem.		
231.	LA DESCENTE DE CROIX. Selon *Claussin* on ne connait que trois épreuves de cet état; l'estampe rapportée a fait part de la Collect. *Dumesnil*, et est une des trois mentionnées.	81.	83.
232.	IDEM, avec les contre-tailles dans les jambes des hommes qui sont en dessous et qui supportent le corps du Christ; *épreuve superbe et rare*. 3mo. (Collect. *Denon*.)		
233.	La descente de croix, belle et toute première épreuve. (Collect. *Pole Carew*.)		
234.	La descente de croix, belle et première épreuve ; *sur papier de chine*.	83.	87.
235.	Idem, les spectateurs en bas de la colline ainsi que le fond, en général plus clair.		
236.	Idem, *belle épreuve* ; avec les barbes.		
237.	Idem, épreuve ordinaire.		
238.	Le transport de Jésus Christ au tombeau, *belle épreuve, sur papier de chine*. (Collect. *Denon*.)	84.	88.
239.	LA VIERGE EN DOULEUR, toute première épreuve, de la plus grande *rareté*.	85.	89.

		BARTSCH.		CLAUSSIN.	
		N°.	état.	N°.	état.

240. JÉSUS CHRIST AU TOMBEAU, avec les fenêtres de forme Gothique, dans le fond; couverte d'une teinte grise, qui imite le lavis à l'encre de chine, non mentionnée; UNIQUE. . . **86.** | | **90.**

241. IDEM, épreuve à l'eau forte, seulement le haut de l'estampe est gravé d'une simple taille; *très rare.* . . » I^r. » I^r.

242. IDEM, plus travaillée et entièrement couverte de hachures, même la tête du Christ; *épreuve vigoureuse, rare.* . » **2me.** » **2me.** (Collect. *Denon.*)

243. IDEM, d'un ton plus gris.

244. IDEM, l'éstampe est tout à fait couverte d'un ton gris.

245. Les disciples d'Emmaus, toute première épreuve, *sur pap. de chine; très rare.* **87.** I^r. **91.** I^r.

246. Idem, les rayons et le chapeau du disciple sont bien exprimés, etc. . » **2me.** » **2me.**

247. Idem.

248. Les petits disciples d'Emmaus; *belle épr.* **88.** **92.**

249. Jésus Christ au milieu de ses disciples, ce morceau est très légèrement griffonné; *rare.* . . . . **89.** **93.**

250. LE BON SAMARITAIN, avec les barbes, le cheval à la queue blanche, d'une belle conservation; *épreuve superbe et rare.* . . . . **90.** I^r. **94.** I^r.

251. IDEM, la queue du cheval est ombrée, et le mur d'appui clair, d'un ton vigoureux, et d'une belle conservation, c'est la PLUS RARE DE TOUTES. . . . » **2me.** » **2me.** (Collect. *Pole Carew.*)

2

                                             BARTSCH.   CLAUSSIN.
                                             N°. état.   N°. état.

52. **252.** LE BON SAMARITAIN, le mur
d'appui du perron est ombré, sans nom
ni année. . . . . 90. . . . 94. 3mo.   *6. s. m.*
(Collect. *Denon.*)

17. **253.** IDEM, avec le nom et l'année. . . . » 3me. » 4me.   *6.*

10. **254.** Le retour de l'enfant prodigue. . . . 91. . . 95.   *6.*

3. **255.** Idem.

256. La décollation de St. Jean Baptiste,
sur papier de chine. . . . . 92. . . 96.

14. **257.** Idem, avec les barbes laissées aux
ombres du devant.   *tr. 6.*

258. Idem, plus faible de ton.

259. Décollation de St. Jean Baptiste. . . 93. 2me.   *6.*

10. **260.** Idem. . . . . » 3me.   *6.*

261. Idem. . . . . » 4me.   *6.*

100. **262.** ST. PIERRE ET ST. JEAN À LA PORTE DU   *tr. 6.*
TEMPLE, le manteau de St. Pierre avec *(bon)*
moins de plis, etc.; EXTRÊMEMENT RARE. 94. Ir. 98.

30. **263.** IDEM, avec les têtes mieux caractérisées,
d'un ton vigoureux. . . . . » 2me.

7.75 **264.** IDEM. » 3me. »

15. **265.** IDEM, *belle épreuve, sur pap. de chine.* »
(Collect. *Dumesnil.*)

4. **266.** St. Pierre. . . . . 96. . . 99.   *6.*

25. **267.** Martyre de St. Etienne, épreuve d'un
effet brillant, *sur papier de chine.* . 97. . . 100.

6. **268.** Idem.   *tr. 6.*

7.25 **269.** Idem, *sur papier de chine.*   *6.*

			BARTSCH.		CLAUSSIN.	
			N°. état.		N°. état.	
270.	Baptême de l'Eunuque, avec les barbes; *fort rare.*		98.		101. 1ʳ.	
271.	Idem, *sur papier de chine.*		»		» 2ᵐᵉ.	
272.	La Mort de la Vierge; *épreuve superbe.*		99. 2ᵐᵉ.		102. 2ᵐᵉ.	
	(Collect. *Denon.*)					

QUATRIÈME CLASSE.

Sujets Pieux.

			BARTSCH.		CLAUSSIN.	
			N°. état.		N°. état.	
273.	Saint Jerôme, première épreuve, non mentionnée.		100.		103.	
	(Collect. *Dumesnil.*)					
274.	Idem, *belle épreuve.*					
275.	Idem, seconde épreuve, non mentionnée.					
276.	Idem.					
277.	Saint Jerôme, première épreuve.		101.		104. 1ʳ. Sᵗ.	
	Voyez *Claussin,* Suppl. p. 16, N°. 23.					
278.	Idem, seconde épreuve.		»		» 2ᵐᵉ.	
279.	Idem, première épreuve.		»		» 2ᵐᵉ.	
	(Collect. *Pole Carew.*)					
280.	Idem, seconde épreuve.		»		» 1ʳ.	
281.	Saint Jerôme; *belle épreuve, sur papier de chine.*		102.		105.	
282.	Idem.					
283.	Idem.					

	BARTSCH.		CLAUSSIN.	
	N°.	état.	N°.	état.

284. Saint Jérôme, avec le grand tronc d'arbre; avant le nom, *épreuve magnifique, très rare.* . . . . | 103. | 1ʳ. | 106. | 1ʳ.
(Collect. *Dumesnil.*)

285. Idem, *belle épreuve, sur papier de chine.* . . . . | » | 2ᵐᵉ. | » | 2ᵐᵉ.

286. Idem.

287. Saint Jérôme, ancienne et *belle épreuve.* . . . . | 104. | | 107. |
Voyez *Claussin,* Suppl. p. 16, N°. 24.

288. Idem, avec le fond moins clair, et la tête du lion moins en manière noire.

289. Saint Jérôme, la partie de la croisée moins ouverte; *très rare.* . . . | 105. | 1ʳ. | 108. | 1ʳ.
(Collect. *Dumesnil.*)

290. Idem, avec la partie de la croisée à droite plus ouverte. . . . . . | » | 2ᵐᵉ. | » | 2ᵐᵉ.

291. Idem, avec les bords sales.

292. SAINT FRANÇOIS A GENOUX, *épreuve superbe,* de la plus grande rareté, sur parchemin. . . . . | 107. | 1ʳ. | 110. | 1ʳ.
(Collect. *Pole Carew.*)

293. IDEM, la figure est ombrée et tout le reste de l'estampe plus fini. . . | » | 2ᵐᵉ. | » | 2ᵐᵉ.

294. IDEM.

CINQUIÈME CLASSE.

Sujets Allégoriques, Historiques et de Fantaisie.

	BARTSCH.	CLAUSSIN.
	Nº. état.	Nº. état.

295. L'Heure de la Mort, avec le cartouche blanc ; Copie. . . . . . 108.   *2.*
(Collect. *Wolterbeek.*)

296. Idem, avec le cartouche et les vers latins. . . . . » 2mo.   *9.*

297. La jeunesse surprise de la Mort. . 109.   111.   *10.*
Voyez *Claussin*, Suppl. p. 17, Nº. 26.

298. LE TOMBEAU ALLÉGORIQUE ; première et *belle épreuve, sur papier de chine.* 110.   112.   *45.*

299. La Fortune contraire, avec le trait à travers le mât ; non mentionnée, seconde épreuve. . . . . 111.   113.   *5.*

300. Idem, avec l'ouverture de la porte ombrée ; non mentionnée, quatrième épreuve.

301. Idem, avec le trait à travers le mât et le texte au dos ; non mentionnée, troisième épreuve.   *11.*

302. Idem, avec l'ouverture de la porte plus ombrée ; non mentionnée, quatrième épreuve.

303. MÉDÉE, OU LE MARIAGE DE JASON ET DE CRÉUSE, sans le nom de Rembrandt ni les vers Hollandais, dans la marge ; *sur papier de chine, très rare.* . . 112, 1^r. 114, 1^r.   *100.*
(Collect. *Denon.*)

| | BARTSCH. | CLAUSSIN. |
| | Nº. état. | Nº. état. |

49. 304. MÉDÉE, OU LE MARIAGE DE
JASON ET DE CRÉUSE, en
tout comme le précédent; sur papier
ordinaire. . . . . 112. 1ʳ.   114. 1ʳ.

26. 305. IDEM, Junon a une Couronne sur
la tête; *sur papier de chine, belle
épreuve et rare.* . . . . ɴ 2ᵐᵉ.   ɴ 2ᵐᵉ.   *tr. 6.
a. m.*

7. 306. IDEM.

10. 307. IDEM, avec les vers et le nom de
Rembrandt. . . . . ɴ 3ᵐᵉ.   ɴ 3ᵐᵉ.

36. 308. IDEM, idem avec toutes ses marges.   *tr. 6.*
(Collect. *Six.*)

14.50 309. L'Étoile des Rois, première et belle
épreuve, veloutée; *sur pap. de chine.* 113.   115.   *tr. 6. a. m.*

310. Idem, en tout comme le précédent,
sur papier ordinaire.

14. 311. Idem, dans cette estampe les spectateurs sont plus visibles; c'est une
épreuve antérieure.

312. Idem, cette estampe est en général
plus claire et d'un ton un peu gris.

313. Chasse aux lions, *belle épreuve.* 114.   116.   *6.*
(Collect. *Denon.*)

314. Chasse aux lions, *belle épreuve,*
avec le fond sale. . . . . . . 115.   117.   *a. 6.*

40. 315. Idem, avec larges marges.
(Collect. *Dumesnil.*)

316. Chasse aux lions, épreuve avec
larges marges. . . . . 116.   118.   *tr. 6.*
(Collect. *Dumesnil.*

317. Idem.

		BARTSCH. N°. état.	CLAUSSIN. N°. état.
318.	Sujet de Bataille, les griffonnements du fond effacés, sale et d'une teinte grise; *rare*. . . . . (Collect. *Dumesnil*.)	117.	119. 2me.

318. Sujet de Bataille, les griffonnements du fond effacés, sale et d'une teinte grise; *rare*. . . . . 117.   119. 2me.
(Collect. *Dumesnil*.)

319. Idem, avec le fond clair. . . . . »   » 3me.
(Collect. *Dumesnil*.)

320. TROIS FIGURES ORIENTALES, avec l'arbre moins chargé de feuilles, et l'estampe en général plus clair, *de la plus grande rareté*. . . . . 118. Ir.   120. Ir.

321. IDEM, épreuve fortement teintée à la manière noire, avec le fond clair.   » 2me.   » 2me.

322. IDEM.

323. Les musiciens ambulans. . . . . 119.   121.

324. Idem.

325. Idem.

326. Idem, la figure et les mains du garçon ombrées; *belle épreuve* non mentionnée.

327. LA PETITE BOHÉMIENNE ESPAGNOLE, *épreuve superbe*, et *très rare*. . 120.   122.

328. LE VENDEUR DE MORT AUX RATS, épreuve de toute beauté, EXTRÊMEMENT RARE. . . . . 121. Ir.   123. Ir.

329. IDEM, avec les tailles diagonales sur les arbres; épreuve vigoureuse et d'un ton velouté. . . . . . . » 2me.   » 2me.

330. Contre épreuve du vendeur de mort aux rats, en buste; non-mentionnée.

| | BARTSCH. | CLAUSSIN. |
| | N°. état. | N°. état. |

331. VENDEUR DE MORT AUX RATS, épreuve de la plus grande rareté, et PRESQUE UNIQUE. . . . . 122. 124.
(Collect. *Pole Carew.*)

332. Le petit Orfèvre, *épreuve superbe, avec ses barbes, sur papier de chine.* 123. 125.

333. Idem, mais d'un ton plus clair; *sur papier de chine.*

334. Idem.

335. La faiseuse de kouks. . . . . . . 124. 126.

336. Idem, avec le bas de l'estampe sale. 2me.
(Collect. *Pole Carew.*)

337. Idem, épreuve ordinaire.

338. Le jeu du Kolf, première épreuve avec ses barbes. 125. 127

339. Synagogue des Juifs, non ébarbée. 126. 128. 2mo.
Voyez *Claussin*, Suppl. p. 17, N°. 28.
(Collect. *Dumesnil.*)

340. Idem, d'un ton plus clair. . . . » » 3me. St.

341. Idem.

342. La coupeuse d'ongles; *très rare.* 127

343. Idem.

344. Le maître d'école. 128. 129. —

345. Idem.

346. Idem.

347. Le Charlatan. . . . . 129. 130.
(Collect. *de Bosch.*)

348 Le Dessinateur, première épreuve, *sur papier de chine.* 130. 131.

349. Le Paysan avec femme et enfant. 131. 132.

	BARTSCH.		CLAUSSIN.		
	N°.	état.	N°.	état.	
350. L'Amour couché; *belle épreuve*, très rare.	132.				*12.*
351. Idem.					*5.50*
352. Juif à grand bonnet.	133.		133.		*5.25*
(Collect. *Dumesnil.*)					
353. Idem.					*5.*
354. La FEMME AUX OIGNONS, avec le nom et l'année; *rare*	134.	2me.	134.	2me.	*40.*
355. Paysan, les mains derrière le dos, avec le nez arrondi.	135.	3me.	135.	3me.	*5.*
356. Idem, le cou tout à fait ombré. .	»	4mo.	»	4me.	*4.25*
357. Le joueur de cartes, première épreuve.	136.		136.		
Voyez. Catal. *Wilson.*					
358. Idem, seconde épreuve.					*10.*
359. Idem; troisième épreuve, non mentionnée.					
360. Vieillard à petite barbe et bâton, *rare.*	137.				*22.*
361. Aveugle jouant du violon, *très rare.*	138.	1r.	137.	1r.	*28.*
362. Idem.	»	2me.	»	2me.	*9.25*
363. Idem, *très rare.*	»	1r.	»	1r.	*19.*
364. Idem, ...	»	2me.	»	2me.	*10.*
365. Homme à Cheval, ancienne épreuve, raboteuse sur les bords.	139.		138.		*6.*
Voyez *Claussin*, Suppl. p. 18, N°. 29.					
(Collect. *Dumesnil.*)					
366. Idem, ordinaire.					*5.*
367. Idem, *épreuve moderne.*					*2.25*
368. Figure Polonaise.	140.		139.		*4.50*
(Collect. *Dumesnil.*)					
369. Idem, avec les bords raboteux.					*5.*
370. Idem.					*3.*

		BARTSCH. N°. état.	CLAUSSIN. N°. état.

371. POLONAIS PORTANT SABRE ET BÂTON, avec les bords raboteux. Avant le trait de la terrasse; *très rare.* . 141. Iʳ. 140. Iʳ.

372. IDEM, comme le précédent. ———

373. IDEM, plus travaillée. ———

374. IDEM, en général d'une teinte grise, non mentionnée. . . . . » 2ᵐᵉ. » 2ᵐᵉ.

375. IDEM; non mentionnée.

376. IDEM, avant le trait de la terrasse, non mentionnée.

377. PETITE FIGURE POLONAISE, de la plus grande rareté; PRESQUE UNIQUE. *Claussin* à fait sa copie sur cet exemplaire. . . . . . 142. 141.
   (Collect. *Hebert* et *Pole Carew.*)

378. Vieillard vu par le dos, toute première épr., la manche droite moins travaillée non mentionnée, *rare.* 143. 142.
   (Collect. *Esdaile.*)

379. Idem, un peu plus clair de ton, de même *rare.* . . . . » Iʳ. » Iʳ.
   (Collect. *Pole Carew.*)

380. Idem, *belle épreuve.* . . . . . . » 2ᵐᶜ. » 2ᵐᵉ.

381. Paysan et paysanne marchant, avec le fond sale. . . . . 144. 143.

382. Un Philosophe en méditation; *rare.* 147. 144.
   (Collect. *Dumesnil.*)

383. Idem. ———

384. Homme méditant, avec la lumière de la lampe plus large, et d'un ton vigoureux, sur une grande feuille, avec le texte et les vers en Hollandais; *très rare*, non mentionnée. 148. 2ᵐᵉ. 145. 2ᵐᵉ.

		BARTSCH.		CLAUSSIN.		
		N°.	état.	N°.	état.	
b.	385. Homme méditant, la lumière de la lampe est plus petite.	148.	2me.	145.	2me.	*10.*
	386. Idem.					*3.*
	387. Idem.	»	3me.	»	3me.	
	388. Idem.					*17.*
b.s.m.	389. Idem.	»	4me.	»	4me.	
	390. Idem.					
b.	391. Vieillard sans barbe, avec le manteau ombré jusqu'au premier pli.	150.	3me.	147.	3me.	*3.50.*
a.b.	392. Idem, à larges marges.	»	7me.	»	7me.	*7.50*
b.	393. Idem.					*13.*
b,	394. Figure d'un Vieillard à courte barbe.	151.		148.		*3.*
b.a.m.	395. Le Persan, ancienne et belle épreuve. (Collect. *Esdaile.*)	152.		149.	2me.	*31.*
	396. Idem.					*5.*
a.b.	397. Aveugle vu par le dos.	153.	2me.	150.	2me.	*19.*
	398. Idem.					*9.*
b.s.m.	399. DEUX FIGURES VÉNITIENNES, morceau de la plus grande rareté.	154.		151.		*45.*
rognée.	400. LE PATINEUR, avec ses barbes et le fond sale.	156.		153.		*50.*
	401. IDEM, épreuve ordinaire.					*19.*
	402. Le cochon, avec larges marges. (Collect. *Dumesnil.*)	157.		154.	2me.	*15.*
	403. Idem.					*12.*
faible.	404. Le petit Chien endormi; *rare.*	158.		155.		*19.*
grise.	405. La Coquille, avec le fond ombré, d'une belle conservation.	159.	2me.	156.	2me.	*30.*

SIXIÈME CLASSE.

Gueux ou Mendiants.

		BARTSCH. N°. état.	CLAUSSIN. N°. état.
6.	406. Gueux debout, belle épreuve à larges marges. . . . . (Collect. *Dumesnil.*)	163.	166.
7.	407. Idem.		
7.75	408. Idem.		
26.	409. Gueux et gueuse, avec les bords raboteux ; épreuve à larges marges. (Collect. *Pole Carew.*)	164.	161.
10.	410. Idem, avec le fond sale.		
	411. Idem.		
40.	412. Mendiants, homme et femme à côté d'une butte, avec le fond clair et les bords bien prononcés ; *épr. sup.*	165. Iʳ.	162. Iʳ.
20.	413. Idem, avec le fond sale ; *très rare.*		
20.	414. Idem, retouchée dans les parties, qui ne sont qu'au trait et faibles, dans les premières épreuves.	» 2ᵐᵉ.	» 2ᵐᵉ.
7.	415. Idem, avec le contour de la butte moins ressenti etc. ; *belle épreuve.* . (Collect. *Denon*)	» 4ᵐᵉ.	» 4ᵐᵉ.
3.	416. Idem.		
8.	417. Idem, avec les barbes.	» 3ᵐᵉ.	» 3ᵐᵉ.
	418. Idem, ébarbée.		
4.	419. Gueuse, dans le goût de *Callot.* . .	166. Iʳ.	163. 2ᵐᵉ.
13.	420. Idem, *épreuve superbe.* (Collect. *Buckingham.*)		

		BARTSCH. N°. état.		CLAUSSIN. N°. état.		
6.	421. Gueuse, dans le goût de *Callot*; la planche est plus petite. . . . (Collect. *Buckingham*.)	166.	3me.	163.	3me.	22.
	422. Idem, la manche couverte d'une double taille etc. . . . (Collect. *Buckingham*.)	»	4me.	»	4me.	10.15
6.	423. Gueux à manteau déchiqueté; avec le visage et la jambe droite en blanc; *très rare*. . . . (Collect. *Esdaile*.)	167.	1r.	164.	1r.	20.
6.	424. Idem, avec le visage et la jambe droite couverts d'une simple taille.	»	2me.	»	2me.	13.50
6.	425. Idem. . . .	»	3me.	»	3me.	5.
	426. Idem, deux épreuves.					3.
	427. La Femme avec la calebasse. . . (Collect. *Dumesnil*.)	168.		165.	2me.	10.
	428. Idem, *belle épreuve* à larges marges.					14.
6.	429. Gueux debout, petit morceau; *très rare*. . . .	169.		166.		36.
	430. Vieille mendiante, première épreuve, assez raboteuse sur les bords. . .	170.		167.		10.
6.	431. Lazarus klap (ou le muet), avec la tête et les bords du manteau clairs.	171.	1r.	168.	1r.	47.
6.	432. Idem, cette planche est plus petite.	»	3me.	»	3me.	18.50
6.	433. Paysan déguenillé, les mains derrière le dos, le fond sale et avec des hachures, les bords sont très-irréguliers et raboteux. . . . Voyez *Claussin*, Suppl. p. 19, N°. 35. (Collect. *Dumesnil*.)	172.	1r.	169.	1r.	25.

		BARTSCH. Nº. état.	CLAUSSIN. Nº. état.	
10.	**434.** Paysan déguenillé, la planche rétrécie, les bords de l'estampe plus ou moins sales.	172. 2ᵐᵉ.	169. 2ᵐᵉ.	b.
8.	**435.** Idem, plus travaillée.	» 3ᵐᵉ.	» 3ᵐᵉ.	b.
34.	**436.** Gueux assis au bas d'un mur. . . (Collect. *Dumesnil.*)	173.	170. 1ʳ.	
5.50	**437.** Idem.	»	» 2ᵐᵉ.	b.
10.	**438.** Gueux assis sur une motte de terre.	174.	171. 1ʳ.	
10.	**439.** Idem, avec le fond un peu sale et les bords raboteux.			a
	440. Idem, mais plus retouchée.			
	441. Idem, copié.			a
15.	**442.** Idem; *épreuve superbe* à large marges.	»	» 1ʳ.	b.
24.	**443.** VIEUX MENDIANT ASSIS, ACCOMPAGNÉ DE SON CHIEN. EXTRÊMEMENT RARE.	175.	172.	b.
40.	**444.** Mendiants à la porte d'une maison, *belle épreuve, sur papier de chine.*	176.	173.	tr. b. p. m.
30.	**445.** *Idem.			
30.	**446.** Idem, avec ses barbes.			b. s. m.
20.	**447.** Deux Gueux, faisant pendants, première pièce. . . . (Collect. *Denon.*)	177.	174.	
	448. Idem, seconde pièce. . . . . . (Collect. *Denon.*)	178.	175.	
	449. Idem, avec toute sa marge.			
9.	**450.** Gueux estropié; *épreuve superbe* et *très rare.* . . . . . . (Collect. *Denon.*)	179.	176. 1ʳ.	
5.	**451.** Idem, en tout comme le précédent.			b.
4.50	**452.** Paysan debout.	180.	177.	
4.	**453.** Idem.			b.
37.50	**454.** Paysanne debout; *belle épreuve.* .	181.	178.	

SEPTIÈME CLASSE.

Sujets Libres et Figures Académiques.

	BARTSCH. N°. état.	CLAUSSIN. N°. état.
455. LE LIT A LA FRANÇAISE, la planche plus large; ce morceau est de la plus grande rareté.	186. 1ʳ.	183. 1ʳ.
456. IDEM, la marge du haut coupée, avec les barbes; *très rare.*	» 2ᵐᵉ.	» 2ᵐᵉ.
457. LE MOINE DANS LE BLED; *belle épreuve* et *très rare.*	187.	184.
458. L'ESPIÈGLE, *belle épreuve.* . . .	188. 1ʳ.	185. 2ᵐᵉ.
459. IDEM, plus travaillée. . . . . . (Collect. *Denon.*)	» 2ᵐᵉ.	» 3ᵐᵉ.
460. IDEM, sans la tête dans le haut des arbres, ...	» 3ᵐᵉ.	» 4ᵐᵉ.
461. Le Vieillard endormi; *belle épreuve,* avec les barbes.	189.	186.
462. Idem.		
463. L'Homme qui pisse.	190.	187.
464. Idem.		
465. La Femme qui pisse; épreuve avec le fond sale.	191.	188.
466. Idem, avec le fond clair.		
467. Le dessinateur d'après le modèle, *belle épreuve,* avec les barbes. . . . Voyez *Claussin,* Suppl. p. 21, N°. 39. (Collect. *Dumesnil.*)	192.	189. 2ᵐᵉ.
468. Idem, épreuve ébarbée.		
469. L'Homme nud assis, épreuve d'un ton vigoureux. . . . . (Collect. *Denon.*)	193.	190.

	BARTSCH.		CLAUSSIN.	
	N°.	état.	N°.	état.
470. Figures académiques d'hommes assis,				
rare.	194.		191.	1r.
471. Idem, plus travaillée.	»		»	2me.
472. Les Baigneurs, *sur papier de chine.*	195.		192.	1r.
(Collect. *Dumesnil.*)				
473. Idem.				
474. Idem, plus clair.	»		»	2me.
475. Idem, ...	»		»	1r.
476. Figure académique d'un homme assis				
à terre.	196.		193.	
(Collect. *Denon.*)				
477. LA FEMME DEVANT LE POÊLE, toute première épreuve, beaucoup moins travaillée, et claire dans le fond, avec le nom de Rembrandt et l'année 1645; EXTRÊMEMENT RARE. . . .	197.		194.	
Voyez *Claussin,* Suppl. p. 21, N°. 40.				
(Collect. *Haring* et *Pole-Carew.*)				
478. IDEM, plus vigoureux de ton, en outre les mêmes remarques que les précédentes; d'une RARETÉ EXTRÊME.				1r.
479. IDEM, d'un ton vigoureux et noir, la clef au poêle est supprimée; *sur papier de chine.*	»	3me.	»	3me.
(Collect. *Denon.*)				
480. IDEM, la femme est sans bonnet et coiffée en cheveux, la clef rétablie; *sur papier de chine.*	»	4me.	»	4me.
(Collect. *Denon.*)				
481. Femme nue, assise sur une butte. .	198.		195.	
482. FEMME AU BAIN AVEC LE BONNET ÉLEVÉ; *sur pap. de chine,* EXTRÊMEMENT RARE.	199.	1r.	196.	1r.
483. IDEM, avec le bonnet plat, belle épreuve; *sur papier de chine,* . .		2me.		2me.

| | BARTSCH. | CLAUSSIN. |
| | Nº. état. | Nº. état. |

484. Femme nue, les pieds dans l'eau ; toute première épreuve, *sur papier de chine.* . . . . **200.**   **197.**

485. Idem, d'un ton plus clair, *sur papier de chine.*

486. Idem. _______________________

487. Idem. _______________________

488. Vénus au bain, *belle épreuve.* . . **201.**   **198.**

489. La femme à la flèche, *belle épreuve.* **202.**   **199. 2ᵐᵉ. Sᵗ.**
Voyez *Claussin*, Suppl. p. 21 , Nº. 41.

490. Idem. _______________________

491. Antiope et Jupiter en Satire, ancienne épreuve, non ébarbée ; *sur papier de chine.* . . . . **203. Iʳ.**   **200. Iʳ.**
Voyez *Claussin*, Suppl. p. 22 , Nº. 42.

492. Idem, en tout comme le précédent, sur papier ordinaire.

493. Femme nue dormant, le drap couvre les jambes jusqu'au dessous du genoux ; DE LA DERNIÈRE RARETÉ. . **204. Iʳ.**   **201. 2ᵐᵉ.**

494. Idem. . . . . » **2ᵐᵉ.**   » **3ᵐᵉ.**

495. Négresse couchée, le dos et la draperie moins travaillés, (première épreuve, selon WILSON) *sur papier de chine.* . . . . . . **205.**   **202.**
(Collect. *Dumesnil*.)

496. Idem, beaucoup plus vigoureux de ton (selon WILSON, seconde épreuve) *sur papier de chine.*

497. Idem, sur papier ordinaire.

HUITIÈME CLASSE.

Paysages.

BARTSCH, CLAUSSIN.
N°. état. N°. état.

498. LE GRAND ARBRE à CÔTÉ DE LA MAISON, *très rare.* . . . . 207. 204.

499. LE PONT DE SIX, les chapeaux des deux figures sans tailles, non mentionnée; EXTRÊMEMENT RARE et PRESQUE UNIQUE. . . . . 208. 205.
(Collect. *Revil.*)

500. IDEM, *belle épreuve.*
(Collect. *Esdaile.*)

501. IDEM, Un des hommes sur le pont a le chapeau blanc; non mentionnée, *épreuve superbe* et *très rare.*

502. VUE DE L'OMVAL PRÈS D'AMSTERDAM, première et *superbe épreuve,* avec les barbes, *rare.* . . . . . 209. 206.

503. IDEM, *belle épreuve.*

504. VUE ANCIENNE D'AMSTERDAM; toute première épreuve, avec les barbes, et larges marges. . . . . 210. 207.
(Collect. *Dumesnil.*)

505. LE CHASSEUR, avec la maison et la grange, qu'on ne trouve pas dans la seconde épreuve; EXTRÊMEMENT RARE. 211. 208.
Voyez Cat. WILSON, N°. 211.
(Collect. *Wilson.*)

506. IDEM, sans la maison et la grange, avec ses barbes, (Selon WILSON, seconde épreuve,) *sur papier de chine; rare.*

| | BARTSCH. | CLAUSSIN. |
| | Nᵒ. état. | Nᵒ. état. |

507. LE CHASSEUR, en tout comme le précédent, sur papier ordinaire. . 211.   208.   *41.*

a.6. 508. PAYSAGE AUX TROIS ARBRES; épreuve magnifique de toute beauté, *très rare.* . . . . 212.   209.   *180.*
Voyez *Claussin*, Suppl. p. 24. Nᵒ. 46.

509. IDEM, moins foncé de ton, mais d'un effet très brillant; *très rare.*   *120.*

a.6. 510. L'HOMME DE LAIT, *épreuve superbe,* et de beaucoup d'effet, avec les barbes et les bords raboteux. . . 213. 2ᵐᵉ. 210. 2ᵐᵉ.   *100.*
(Collect. *Denon.*)

tr.6. 511. PAYSAGE, VUE SUR AMSTER-DAM; *superbe* et toute première épreuve, retouchée au bistre; *sur papier de chine,* non décrite, et PRESQUE UNIQUE.   *250.*
Voyez le Suppl. du Cat. *Daulby,* pag. 336, Nᵒ. 3.
(Collect. *Esdaile.*)

512. LES DEUX MAISONS AVEC PI-GNON POINTU, lavé à l'encre de chine, *épreuve superbe* et *très rare;* sur *papier de chine.* . . . . . 214.   211.   *280.*
(Collect. *Barnard* et *Pole Carew.*)

6. 513. LE PAYSAGE AU CAROSSE, *épreuve superbe.* . . . . . . 215.   212. 1ʳ. effet.   *250.*
Voyez *Claussin*, Suppl. p. 24. Nᵒ. 48.
(Collect. *Denon* et *Wilson.*)

6. 514. IDEM, avec les maisons et le ciel clairs, ainsi que le devant du terrain, etc.; *sur papier de chine.* . . . . »   » 3ᵐᵉ. effet.   *240.*
Voyez *Claussin,* Suppl. idem.
(Collect. *Denon* et *Wilson.*)

3 *

		BARTSCH,	CLAUSSIN.
		Nº. état.	Nº. état.

370   **515.** LE PAYSAGE AUX TROIS CHAU-
-MIÈRES; estampe, avec beaucoup
de parties claires, sur le devant du
chemin etc.; *épreuve magnifique* et
très rare, avec les barbes. . . . 217.   214. Iʳ.

250.   **516.** IDEM, de même d'un ton vigoureux
en d'un effet frappant, idem. . . . »   2me.

80.   **517.** IDEM, *très belle épreuve*, idem. . . . »   3me.

44.   **518.** IDEM, idem.

250.   **519.** Paysage à la tour carrée; toute
première épreuve avec les barbes,
sur pap. de chine; EXTRÊMEMENT RARE. 218. Iʳ.   215. Iʳ.

40.   **520.** Idem, non ébarbée. . . . . . . »   2me.   »   2me.
Voyez *Claussin,* Suppl. p. 25, Nº. 49.

90.   **521.** Le Paysage au dessinateur, su-
perbe et première épreuve, avec
toutes ses marges. . . . . . . 219.   216.
(Collect. *Dumesnil.*)

20.   **522.** Idem, avec moins de marge.

145.   **523.** Le Berger et sa famille; *épreuve
belle* et *rare.* . . . . 220.   217.

125.   **524.** Le Canal, toute première épreuve
avec les barbes, *sur papier de chine.* 221.   218.
Voyez *Claussin,* Suppl. p. 25, Nº. 50.

49.   **525.** Idem; presque ébarbée, seconde épr.

61.   **526.** Le Bouquet de bois, avec les barbes,
épreuve recherchée. . . . . . . 222. 2me. 219. 3me.
(Collect. *Denon.*)

350.   **527.** LE PAYSAGE À LA TOUR, avec
le dôme au haut de la tour; *épr.
superbe*, sur papier de chine;
TRÈS RARE. . . . . 223. Iʳ. 220. Iʳ.

		BARTSCH. N°. état.	CLAUSSIN. N°. état.

6. **528.** LE PAYSAGE À LA TOUR, la tour est sans dôme, et le ciel sale, en général le paysage est d'un ton plus monotone. . . . . **223. 2ᵐᵉ. 220. 2ᵐᵉ.**

6. **529.** LA GRANGE à FOIN, toute première épreuve, d'un ton brillant avec les barbes. . . . . **224. 1ʳ. 221. 1ʳ.**
(Collect. *Denon.*)

530. IDEM, avec le lointain derrière les deux figures, avec les barbes. . . **» 3ᵐᵉ. » 3ᵐᵉ.**

531. IDEM, épreuve ébarbée.

a.6. **532.** LA CHAUMIÈRE ET LA GRANGE à FOIN, *épreuve superbe,* avec les marges très larges. **225. 222-**
(Collect. *Wilson.*)

a.6. **533.** IDEM, en tout comme le précédent, les marges moins larges.

a.6. **534.** LA CHAUMIÈRE AU GRAND ARBRE; *belle épreuve.* . . . . **226. 223.**

tr.6. **535.** L'OBÉLISQUE, avec le toit de la maison, le fond de l'estampe tout à fait clair, et avec une grande quantité de barbes; *épreuve magnifique* et première; *rare.* . . . **227. 224.**
Voyez *Claussin,* Suppl. p. 26, N°. 51.
(Collect. *Hibbert* et *Pole Carew.*)

6. **536.** IDEM, *belle épreuve,* avec moins de barbes.
(Collect. *Denon.*)

6. **537.** LA BARQUE À LA VOILE, belle épreuve avec le fond salé. . , ... **228. 225.**

538. LE BOUQUET D'ARBRES AU BORD DU CHEMIN; *fort rare.* . . . . . **229. 226.**

		BARTSCH.		CLAUSSIN.	
		N°.	état.	N°.	état.

200. **539. PAYSAGE AUX DEUX ALLÉES,** avant que la planche ait été coupée; *très rare.* . . . . | 230. | I^r. | 227. | I^r.

76. **540. IDEM**, la planche coupée et d'une plus petite dimension; *belle épreuve d'un ton vigoureux.* . . . . » 2me. » 2me. (Collect. *Esdaile.*)

150. **541. L'ABREUVOIR**, avec le fond de la grotte très noir, *épreuve superbe;* EXTRÊMEMENT RARE. . . . . 231. I^r. 228. I^r.

20. **542. IDEM**, avec la grotte un peu moins noire que la précédente; seconde épreuve, non mentionnée.

10. **543. IDEM**, le fond de la grotte a été gratté. » 2me. » 2me.

295. **544. LA CHAUMIÈRE ENTOURÉE DE PLANCHES**, avec la petite montagne toute claire; EXTRÊMEMENT RARE. . 232. I^r. 229. I^r.

90. **545. IDEM**, la petite montagne ombrée, avec larges marges. . . . . » 2me. » 2me.

80. **546. LE MOULIN DE REMBRANDT;** *belle épr.* 233. 230.

340. **547. LA CAMPAGNE DU PESEUR D'OR;** épreuve toute première et magnifique, avec les barbes, et le fond sale, *sur papier de chine;* EXTRÊMEMENT RARE. 234. 231. (Collect. *Dumesnil.*)

140. **548. IDEM**, en tout comme le précédent, sur papier ordinaire. (Collect. *Pole Carew.*)

95. **549. LE CANAL AVEC LES CIGNES;** les arbres dans le fond ne sont ombrés que d'une taille, etc. . . . . . . 235. 232. I^r. St.

Voyez *Claussin*, Suppl. p. 26, N°. 53.

65. **550. IDEM.** ——————————————

| | BARTSCH. | CLAUSSIN. |
| | N°. état. | N°. état. |

l. a. m. **551.** LE PAYSAGE AU BATEAU; épreuve non ébarbée et *rare.* . . . . **236.** **233.**   *50.*

552. IDEM, *épreuve superbe, non ébarbée, sur papier teinté.*   *50.*

tr. b. **553.** L'ABREUVOIR DE LA VACHE; toute première et *superbe* épreuve avec les barbes, *sur papier de chine.* . . . **237.** **234.**   *150.*

554. IDEM, avec le fond sale, pas tout à fait sans barbes.   *40.*

555. IDEM, épreuve ébarbée, *sur papier de chine.*   *10.*

b. **556.** IDEM, seconde épreuve avec les barbes, *sur papier de chine.*   *36.*

557. LE CANAL À LA PETITE BARQUE; EXTRÉ-MEMENT RARE, *sur pap. de chine.* **240. I^r.** **236. I^r.**   *250.*
fatiguée   Voyez *Claussin,* Suppl. p. 27, N°. 54. (Collect. *Barnard* et *Pole Carew.*)

tr. b. **558.** LE PAYSAGE À LA BARRIÈRE BLANCHE; on ne voit point la porte de la ferme, et la femme appuyée dessus, *sur papier de chine;* épreuve d'une grande rareté. . . **242. I^r.** **239. I^r.**   *250*
Voyez *Claussin,* Suppl. p. 27, N° 55. (Collect. *Denon.*)

559. IDEM, ou la porte et la femme se trouvent, avec la terrasse et le ciel tout à fait clair; *très rare.* . . **242. 2me.** **239. 2me.**   *190.*

tr. b. **560.** IDEM, état plus achevé, non mentionné. *même état mais taxé différemment.*   *95.*

		BARTSCH. N°. état.	CLAUSSIN. N°. état.

**561. LE PÊCHEUR DANS UNE BAR-
QUE**, cette estampe est terminée en
manière de dessin, à l'encre de chine
et au bistre; ÉPREUVE EXTRÊMEMENT
RARE. . . . . 243.   243.   *tr. 6.*

Voyez *Claussin*, Suppl. p. 29, N°. 64.

(Collect. *Barnard* et *Pole Carew*.)

562. LE PAYSAGE AUX PALISSADES,
toute première et *superbe* épreuve,
corrigée à la plume et à l'encre de
chine, DE LA DERNIÈRE RARETÉ, avant
l'année; état non mentionné. . . 247.   244.

Le griffonnement au haut de la
planche ne s'y trouve pas.

(Collect. *Barnard* et *Pole Carew*.)

**563. LA MAISON AUX TROIS CHE-
MINÉES**, DE LA PLUS GRANDE RARETÉ. 250.   247.   *6. S. m.*

Voyez *Claussin*, Suppl. p. 28, N°. 62.

Mr. *Claussin* dit que l'origenal peut
être reconnu par un commencement
de feuillée d'arbres dans le coin à
gauche, l'estampe qui se trouve au
Musée d'*Amsterdam* porte en effet
cet essai, mais après une confrontation
exacte, nous nous sommes convaincus
que la planche qui fait partie de
cette collection est originale et ainsi
un état inconnu à Mr. *Claussin*.

564. Les Copies, des N°s. 246, 255, 256.

NEUVIÈME CLASSE.

Portraits d'Hommes.

		BARTSCH.		CLAUSSIN.	
		N°.	état.	N°.	état.
565. Homme sous une treille; *belle épreuve, rare.*		257.		254.	
566. Jeune Homme assis, *très rare.* . .		258.		255.	
567. Vieillard portant la main à son bonnet, épreuve ébarbée.		259.	Ir.	256.	2me.
Voyez *Claussin*, Suppl. p. 31, N°. 66. 2me.					
568. Vieillard à grande barbe, *épr. sup.*		260.	Ir.	257.	Ir.
569. Idem, la planche moins large. .		»	2me.	»	2me.
570. HOMME AVEC CHAINE ET CROIX, avant le col de la chemise, et moins travaillée ; PRESQUE UNIQUE.		261.	Ir.	258.	Ir.
Voyez *Claussin*, Suppl. p. 31, N°. 67. (Collect. *P. Mariette*, 1670.)					
571. IDEM, avec le col de la chemise, et le fond, etc.; *belle épr. et rare.*		»	2me.	»	2me.
572. IDEM, avec les travaux du fond, prolongés jusqu'au bord supérieur de la planche.		»		»	3me.
573. IDEM; *belle épr.*, avec les barbes. (Collect. *Dumesnil*.)					
574. Vieillard à grande barbe et bonnet fourré, épreuve assez *rare.* . . .		262.		259.	Ir.
575. Idem, généralement plus travaillée.		»		»	2me.
576. Idem idem.					
577. Homme à BARBE COURTE ET BONNET FOURRÉ, avec la main, le mono- gramme et l'année, et avec les barbes; *très rare.*		263.	Ir.	260.	2me.

BARTSCH.   CLAUSSIN.
N°. état.   N°. état.

65. 578. **Homme à barbe courte et bonnet fourré** ; avec les barbes, le monogramme et l'année à peine visibles, *épreuve superbe*, non mentionnée.

20. 579. **Idem.** . . . . 263. 3me. 260. 3me.

14. 580. **Idem**, avec la manche qui cachait la main droite tout à fait effacée, non mentionnée. *[supercherie]*

4. 581. **Idem**, la planche reduite à la largeur ordinaire. . . . . » » » 4me.

100. 582. **Jean Antonides van der Linden** ; les parties claires du bras ne sont couvertes que d'une simple taille ; les extrêmités de l'arbre ne sont qu'au trait. Le Mur, où se trouve la porte, n'est couvert que d'une simple taille perpendiculaire ; **extrêmement rare.** . . . . . . 264. Ir. 261. Ir. *[a. b.]* *[la marge du bas coupée]*
(Collect. *Buckingham.*)

10. 583. **Idem**, un peu plus travaillée que le précédent ; *épr. d'un ton brillant.* » 2me. » 2me.

10. 584. **Idem**, *épreuve superbe.* ———————— *[tr. b.]*

10. 585. **Idem**, en tout comme le précédent, excepté le changement dans les balustres, ... » 3me. » 3me. *[pap. de japon. tr. b. r. p. m.]*

10. 586. **Idem.**

10. 587. Vieillard à barbe carrée, toute première épreuve. . . . . 265. 262. *[a. b.]*

588. Idem, copie en manière noire. *[c'est un état moderne]*

12.50 589. **Janus Silvius**, *belle épreuve* d'un ton vigoureux. . . . . 266. 263.
(Collect. *Denon.*)

11.50 590. Jeune homme assis et réfléchissant. 268. 265. *[b. a. m.]*

	BARTSCH. N°. état.	CLAUSSIN. N°. état.	

591. MÉNASSÉ BEN-ISRAEL, la barbe, sur le menton est plus claire, *très rare.* 269.   266. 1ʳ.   *30.*

592. IDEM, *sur papier de chine.*   »   » 2ᵐᵉ.   *15.*

593. IDEM.   *11.75*

594. FAUSTUS, les mains de la figure magique fortement prononcées, le livre qu'on voit sur la table dans le fond, tout à fait dans l'ombre; épreuve avec les barbes; EXTRÊMEMENT RARE. . . . . 270.   267.   *180.*

595. IDEM, toute première épreuve, avec les barbes. . . . . 270.   267.   *90.*

596. IDEM, troisième épreuve, idem.   *50.*

597. IDEM, d'un ton généralement plus clair, seconde épreuve.

598. IDEM, dans la manière noire, les rayons du miroir sont moins brillants, *sur papier de chine;* seconde épreuve *superbe.*   *50.*

599. REINIER ANSLO; avec la marge blanche au le bas de l'estampe; *épreuve magnifique* DE LA PLUS GRANDE RARETÉ, *sur papier de chine.* 271.   268. 1ʳ.   *750.*

600. IDEM, *belle épreuve,* en cet état *rare.* »   » 2ᵐᵉ.   *130.*

601. IDEM, en tout comme le précédent, *sur papier de chine.*   *60.*

602. CLEMENT DE JONGE; toute première et *superbe* épreuve, *sur pap. de chine; très rare.* . . . . . 272. 1ʳ.   269. 1ʳ.   *75.*

603. IDEM, non moins que le précédent avec le fond sale.
(Collect. *P. Mariette.*)   *40.*

	BARTSCH. N°. état.	CLAUSSIN. N°. état.
604. CLEMENT DE JONGE; même état, les marges un peu moins larges.	272.	269.
605. IDEM, *belle épreuve*, un peu plus travaillée.	» 2me.	» 2me.
606. IDEM, cintrée par le haut, le visage et le chapeau beaucoup plus ombrés. (Collect. *Denon.*)	» 3me.	» 3me.
607. IDEM, idem, avec le fond salé. . .	» 4me.	» 4me.
608. IDEM, état non mentionné, entre le 4me et 5me.		
609. IDEM.	» 5me.	» 5me.
610. ABRAHAM FRANSE; sans le paysage à travers la fenêtre, et le rideau relevé; *épreuve superbe, sur papier de chine*, DE LA PLUS GRANDE RARETÉ.	273. 1r.	270. 1r.
611. IDEM, avec le paysage, et un portrait; généralement d'un ton plus clair, *sur papier de chine*. . . .	» 2me.	» 2me.
612. IDEM, avec le papier qu'il tient à la main, fort ombrée; *épr. sup.*	» 3me.	» 3me.
613. IDEM.		
614. IDEM.		
615. IDEM (de la Collect. *de Bosch.*) .	» 4me.	» 4me.
616. IDEM, avec la partie supérieure des arbres, qu'on voit par la fenêtre, couverte d'une hachure. . . . . (Collect. *de Bosch.*)	» 5me.	» 5me.
617. LE VIEUX HARING; d'une force de ton magnifique et *très rare*. (Collect. *Baring* et *Wilson.*)	274.	271. 2me.

	BARTSCH. N°. état.	CLAUSSIN. N°. état.	
618. LE JEUNE HARING, la fenêtre sans tringle, d'un ton vigoureux; *épreuve superbe* et *rare*.	275. 1r.	272. 1r.	320.
619. IDEM, avec la tringle à la fenêtre, dans la manière noire.	» 2me*a.*	» 2me*a.*	120.
620. IDEM, idem; planche tirée de la façon ordinaire, généralement éclaircie, avec le tableau dans le fond.	» »*b.*	» »*b.*	37.
621. IDEM.	» 3me.	» 1me.	21.
622. IDEM, la planche coupée, et le buste d'un homme ayant un chapeau sur la tête, vu de profil; effet de lumière de chandelle.	» 4me.	» 4me.	8.
623. JEAN LUTMA; avant la croisée dans le fond, et avant les noms de Lutma et de Rembrandt; EXTRÊMEMENT RARE, une première ébauche.	276. 1r.	273. 1r.	100.
624. IDEM, de même avant la croisée, et avant les noms de Lutma et de Rembrandt; épreuve de toute beauté, *trés rare, sur papier de chine.*	»	» 2me.	250.
625. IDEM, comme le précédent, sur papier ordinaire. (Collect. *Denon.*)			200.
626. IDEM, avec la croisée dans le fond, et avec les noms de Lutma et de Rembrandt, et larges marges. . .	» 2me.	» 3me.	25.
627. IDEM, idem, *belle épreuve, sur papier de chine; rare.*			60.
628. IDEM, idem, sur papier ordinaire.			10.

	BARTSCH.		CLAUSSIN.	
	N°.	état.	N°.	état.

370. **629.** JEAN ASSELYN (surnommé *Crab-betje*), avec le chevalet et le tableau dans le fond; épreuve de toute beauté, *sur papier de chine.* . . . **277. 1r.** **274. 1r.**

85. **630.** IDEM, sans le chevalet, mais avec les vestiges des tailles dans le fond, etc.; *belle épreuve, sur papier de chine.* » 2me. » 2me. (Collect. *Pole Carew*.)

20. **631.** IDEM, avec le fond entièrement nettoyé; épreuve d'un ton vigoureux, *sur papier de chine.* . . . . . u 3me. » 3me.

10 **632.** IDEM, idem, sur papier ordinaire. (Collect. *Denon*.)

5. **633.** IDEM.

1650. **634.** EPHRAÏM BONUS, avec la bague noire; *épreuve brillante et magnifique,* d'une grande richesse de ton; EXTRÊMEMENT RARE, PRESQUE UNIQUE. **278. 1r.** **275. 1r.** (Collect. *Denon*.)

200. **635.** IDEM, avec la bague blanche, et généralement plus travaillée, surtout aux ballustres de la rampe, etc.; *belle épreuve.* . . . . » 2me. » 2me.

548. **636.** LE MINISTRE UYTENBOGAERT, sur une planche carrée, sans les vers latins, avec des retouchements dans le fond, et l'ovale qui renferme le portrait inachevé; *superbe épreuve* de la PLUS GRANDE RARETÉ. **279. 1r.** **276. 1r.**

100. **637.** IDEM, sur une planche de forme octogone, avec les vers latins; *superbe épreuve, très rare.* . . . » » 2me.

50. **638.** IDEM, idem. . . . » 2me. » 3me.

	BARTSCH. N°. état.	CLAUSSIN. N°. état.	
639. JEAN SYLVIUS, *belle épreuve.*	**280.**	**277.**	*145.*
640. UYTENBOGAERD, LE PESEUR D'OR; la tête du receveur n'est indiquée qu'au trait; EXTRÊMEMENT RARE.	**281.** 1ʳ.	**278.** 1ʳ.	*161.*
641. IDEM, avec les sacs et l'argent moins travaillés, non mentionnée, entre le premier et le second état; *épreuve magnifique et rare.*			*226.*
642. IDEM, d'un ton plus vigoureux; la fourrure de la robe du receveur chargée de barbes; *rare et belle.* . .	»	» 2ᵐᵉ.	*150.*
643. IDEM, *sur papier de chine.* . . .	» 2ᵐᵉ.	» 3ᵐᵉ.	*75.*
644. IDEM. ——————————————			*50.*
645. LE PETIT COPPENOL, sans compas ni équerres, la main gauche n'est qu'au trait; ce portrait est superbe et d'une grande richesse de ton; *sur papier de chine,* EXTRÊMEMENT RARE.	**282.** 1ʳ.	**279.** 1ʳ.	*750.*
646. IDEM, avec le compas et les équerres et avec des hachures, sur la main gauche, et sur le front de l'écrivain.	» 2ᵐᵉ.	» 2ᵐᵉ.	*175.*
647. IDEM. —————————————			*105.*
648. IDEM, sans oeil de boeuf, et très indistinctement un tableau dans le fond, les deux mains couvertes d'une simple hâchure; l'épreuve dans cet état est *rare.*	**282.** 4ᵐᵉ.	**279.** 4ᵐᵉ.	*101.*
649. IDEM, fortement dans la manière noire, avec les vers en Hollandais.	» 5ᵐᵉ.	» 5ᵐᵉ.	*85.*

		BARTSCH.		CLAUSSIN.	
		N°.	état.	N°.	état.

1250. **650.** LE GRAND COPPENOL, AVEC LE
FOND BLANC, ainsi que la manche
droite; *épreuve magnifique, sur*
pap. de chine, DE LA DERNIÈRE RARETÉ. 283. 1r. 280.
Voyez *Claussin*, Suppl. p. 32, N°. 70.
(Collect. *Denon* et *Wilson*.)

400. **651.** IDEM, épreuve plus terminée, avec
le fond couvert de tailles, d'une
grande richesse de ton, la manche
droite est beaucoup moins travaillée,
que dans l'estampe du 2me état;
épreuve superbe, sur papier de
chine, de la PLUS GRANDE RARETÉ.
(Collect. *Buckingham*.)

105. **652.** IDEM, *belle épreuve.* . . . . . 283. 2me. 280. 3me.

80. **653.** IDEM, *belle épreuve. (On trouve*
sur cet exemplaire, les vers en Hol-
landais, écrits de la main de LIEVE
VAN COPPENOL, *et l'année* 1661.)

60. **654.** IDEM, le rideau et le fauteuil plus
visibles, et les manches de l'habit
plus ombrées; *belle épreuve, sur*
papier de chine. . . . . » » » 4me.

5. **655.** IDEM, la planche coupée. . . . » 3me. » 5me.

330. **656.** TOLLING, toute première épreuve
et état inconnu; le coude gauche fait
un angle; DE LA DERNIÈRE RARETÉ. 284. 281.

1800. **657.** IDEM; *épreuve superbe* chargée de
barbes avec les bords raboteux, cette
estampe magnifique est d'une vigueur
étonnante et moins travaillée que
l'état qui se trouve au Musée d'Amsterdam. PRESQUE UNIQUE.
(Collect. *Barnard* et *Pole Carew*.)

		BARTSCH.		CLAUSSIN.	
		N°.	état.	N°.	état.

658. LE BOURGEMESTRE SIX; épreuve pleine de force et veloutée de ton, AVANT LE NOM DE SIX; d'une conservation parfaite, EXTRÉMEMENT RARE; *sur papier de chine.* . . . . **285.** **282.**
(Collect. *Denon* et *Wilson*.)

659. IDEM, belle épreuve, généralement d'un ton plus clair, avec le nom de Six, à gauche dans la marge d'en bas. . . . . » 2me. » 2me.
(Collect. *Denon* et *Wilson*.)

DIXIÈME CLASSE.

Têtes d'Hommes de Fantaisie.

		BARTSCH.		CLAUSSIN.	
		N°.	état.	N°.	état.

660. Première Tête orientale; toute première épreuve, avec larges marges. . . . . **286.** **283.**

661. Idem, plus ou moins chargée de barbes.
(Collect. *Dumesnil*.)

662. Idem.

663. Idem, d'un ton plus clair.

664. Deuxième Tête orientale; *belle épr.* **287.** **284.**

665. Troisième Tête orientale; *épreuve superbe*, et la Copie. . . . . . **288.** **285.**
(Collect. *Denon*.)

666. Homme en cheveux. . . . . . **289.** **286.**

667. Idem.

4

		BARTSCH. N°. état.	CLAUSSIN. N°. état.
5.	**668.** Vieillard à grande barbe, avec l'oeil droit blanc.	290.	287.
7.	**669.** Vieillard à grande barbe et tête chauve.	291.	288.
150.	**670.** Tête d'homme chauve, avec le fond blanc et dans la marge d'en bas, deux fois le monogramme et l'année, avec les bords raboteux; *très rare*. . .	292.	289. 2me.
	Voyez *Claussin*, Suppl. pag. 32; N°. 73.		
14.	**671.** Idem, la planche coupée, et le fond ombré, ainsi que la fourrure de l'habit.	» 3me.	» 3me.
	(Collect. *Denon*.)		
10.	**672.** Idem.		
	(Collect. *Dumesnil*.)		
10.	**673.** Tête d'homme chauve.	294.	291.
5.	**674.** Vieillard à grande barbe et calotte.	295.	
5.	**675.** Idem, avec la marge moins large.		
5.	**676.** Idem, d'un ton plus grisâtre.		
50.	**677.** Vieillard à tête chauve, tout premier état, avec le nez blanc et les bords très raboteux, inconnu.	296.	292.
	(Collect. *Pole Carew*.)		
10.	**678.** Idem, avec des hachures verticales sur le nez, etc., 2me. état.		
7.	**679.** Idem.		
80.	**680.** Vieillard avec barbe; *belle épreuve*; *très rare*.	297.	293.
	(Collect. *Pole Carew* et *Donegal*.)		
30:	**681.** TÊTE DE VIEILLARD, portant un bonnet de fourrure; non décrite.		

	BARTSCH.		CLAUSSIN.	
	N°.	état.	N°.	état.

682. BUSTE D'UN VIEILLARD, à longue barbe avec un chapeau, et couvert d'un manteau; non décrite. (Collect. *Pole Carew.*)

683. TÊTE D'HOMME, à courte barbe, et couverte d'un bonnet de fourrure; non décrite. (Collect. *Pole Carew.*)

684. TÊTE DE VIEILLARD, à longue barbe, vu de profil; non décrite. (Collect. *Pole Carew.*)

685. Vieillard à tête chauve, avec les plis du manteau, sur l'épaule gauche peu ombrés et d'une hachure simple. . 298. Iʳ. 294. Iʳ.

686. Idem, les plis du manteau ombrés, croisés d'une taille. . . . . » 2ᵐᵉ. » 2ᵐᵉ.

687. Vieillard sans barbe. . . . . . 299. 295.

688. Idem.

689. Vieillard à barbe courte. . . . . 300. Iʳ. 296. Iʳ.
(Collect. *Denon.*)

690. Idem. . . . . » 2ᵐᵉ. » 2ᵐᵉ.

691. Idem. . . . . » 3ᵐᵉ. » 3ᵐᵉ.

692. Idem, entre le 2ᵐᵉ. et 3ᵐᵉ. état, non mentionné.

693. Esclave à grand bonnet. . . . . 302. 2ᵐᵉ. 298. 2ᵐᵉ.

694. Idem.

695. Esclave Turc, petit buste; EXTRÊMEMENT RARE. . . . . 303. 2ᵐᵉ. 299. 2ᵐᵉ.

696. TÊTE D'HOMME VUE DE FACE, avec une partie de mur en ruine à gauche; l'habit et la fourrure ne sont qu'ébauchés légèrement, avec le fond clair; *très rare.* . . . . . . 304. Iʳ. 300. Iʳ.
(Collect. *Pole Carew.*)

4*

BARTSCH.   CLAUSSIN.
N°. état.   N°. état.

697. TÊTE D'HOMME VUE DE FACE; la planche coupée, avec le fond clair, état inconnu, entre le 2me. et 3me. de *Claussin.*   304.   300

698. IDEM, même grandeur que la planche précédente, avec le fond ombré; état inconnu, entre le 3me. et 4me. de *Claussin.*

699. IDEM, la planche de la grandeur du 1r. état, de même avec une partie de mur en ruine. . . . . 2me.   2me.

700. IDEM, la planche coupée, avec le fond ombré; état inconnu, entre le 2me. et 3me. de *Claussin.*

701. IDEM. . . . . . .   »   3me.

702. IDEM. . . . . . .   »   4me.

703. Homme à bouche de travers. . . 305. 2me.   301. 2me.

704. Idem.

705. Vieillard chauve à courte barbe, avec le fond sale et les bords raboteux; *rare.* . . . . 306.   302. 1r.

706. Idem. . . . . . .   »   2me.

707. Homme avec bonnet; moins travaillée que les épreuves postérieures. 307. 1r.   303. 1r.

708. Idem, plus travaillée, d'un ton vigoureux. . . . .   »   2me.   »   2me.

709. Idem. . . . . . .   »   3me.   »   3me.

710. Homme faisant la moue; 1r. état non mentionné. . . . . 308.   304. (Collect. *Dumesnil*).

711. Idem, 2me. état. (Collect. *Pole Carew.*)

715. Idem, 1r. état, non mentionné.

| | BARTSCH. | CLAUSSIN. |
| | N°. état. | N°. état. |

713. Vieillard à grande barbe blanche. **309.** **305.**
(Collect. *Denon*.)

714. Jeune homme à mi-corps. . . . . **310.** **306.**
(Collect. *Denon*.)

715. Homme avec chapeau à grands bords. **311.** **307.**

716. Idem.

717. Vieillard à grande barbe; trois
planches, avec plus ou moins de
variations. . . . . (**312.** Coll.) **308.**

718. Vieillard à barbe carrée; *épreuve
superbe,* 1. état, non mentionné. . **313.** **308.**
(Collect. *Denon*.)

719. Idem, de même, état non mentionné.

720. Idem, les plis du manteau plus
ombrés, ainsi que le bonnet et la
barbe sur la jou droite; cet état
peut être considéré comme la 2me
épreuve, non mentionné.
(Collect. *Dumesnil*.)

721. Vieillard à barbe carrée et bonnet, **314.** **310.**

722. Autre buste de Vieillard à barbe carrée,
la tête est tournée vers la gauche de
l'estampe, les yeux sont baissés. . **315.** **311.**

723. Tête de face et riante, avant le re-
touchement. . . . . . . **316.**

724. Idem.

725. Vieillard à barbe droite; *très rare.* **317.** **312.**
(Collect. *Pole Carew*.)

726. Philosophe avec un sablier, ayant
la figure et la barbe presque claires,
avec large marge; *fort rare.* . . **318.** **313.**

| | BARTSCH. | CLAUSSIN. |
| | N°. état. | N°. état. |

727. Philosophe avec un sablier, la figure et la barbe avec des hachures et les ombres plus marquées; *rare.* **318.** **313.**

728. Idem, toute première épreuve, avec la barbe blanche, et en général plus claire; *sur papier de soie.*

729. Homme, avec trois crocs. . . . . **319.** **2ᵐᵉ.**

730. Idem. . . . . » **3ᵐᵉ.**

731. Idem. (Collect. *Esdaile.*)

732. Idem.

733. Idem. . . . . » **4ᵐᵉ.**

734. Idem, contre épreuve. (Collect. *Esdaile.*)

735. Tête d'homme avec bonnet coupé. **320.**

736. Homme à moustaches relevées, assis, avec le fond sale, etc., EXTRÊMEMENT RARE. . . . . **321.** **314. Iʳ.**

737. Idem, la planche un peu plus petite. » » **2ᵐᵉ.**

738. Tête à bonnet. . . . . . . **322.** **315.** (Collect. *Pole Carew.*)

739. HOMME AVEC BANDELETTE AU BONNET; très rare. . . . . **323.** **316.**

740. Vieillard à tête chauve. . . . **324. Iʳ.** **317. Iʳ.**

741. Idem.

742. Idem. . . . . » **2ᵐᵉ.** » **2ᵐᵉ.**

743. Vieillard à barbe carrée fort large; belle épreuve. . . . . **325.** **318.**

744. Idem.

745. Tête grotesque, à l'eau forte pure; très rare. . . . . **326. Iʳ.** **319. Iʳ.**

		BARTSCH.		CLAUSSIN.	
		Nº.	état.	Nº.	état.
1er état.	746. Tête grotesque, non mentionné. .	326.	2me.	319.	2mo.
3e —	747. Idem.	»		»	3me.
1er —	748. Idem.	»		»	1r.
3e —	749. Idem.	»		»	4me.
6.	750. Autre petite tête grotesque. . .	327.	1r.	320.	1r.
6.	751. Idem.	»	2me.	»	2me.
	752. Idem.				
6.	753. Buste d'homme à cheveux crépus. .	332.		324.	
	754. Idem, estampe coupée.				
	755. Buste de vieillard, premier état. .	333.		325.	
	756. Idem, second état.				
	757. Buste de vieillard.	334.		326.	
6.	758. Idem, avec le fond sale, 2me état.				
	759. Tête d'homme à cheveux crépus;				
	1e épreuve. . . .	336.			
	(Collect. *Pole Carew.*)				
6.	760. Idem, avec le fond clair.				
6.	761. Jeune Homme à cheveux crépus, avec				
	un chapeau à bords relevés, portant				
	une longue fraise; estampe non				
	décrite.				
	(Collect. *Pole Carew.*)				
	762. Idem, un peu plus vigoureux de ton.				
6.	763. NÈGRE BLANC, avec le fond non				
	ébarbé; DE LA PLUS GRANDE RARETÉ.	339.		329.	
	764. IDEM, de même *très rare*.				
	(Collect. *Dumesnil.*)				

Marginal prices: 30 (747–749); 6 (750–752); 39 (753–754); 6 (755); 2 (756); 18 (757–758); 20.50 (759); 12.50 (760); 20 (761); *47 – 47 Curieux* — *son col est rabattu* (761).

ONZIÈME CLASSE.

Portraits de Femmes.

		BARTSCH.	CLAUSSIN.
		N°. état.	N°. état.

100. **765.** La grande mariée juive; *superbe* première épreuve, il n'y a que le buste qui soit fini; DE LA PLUS GRANDE RARETÉ. . . . . 340. 1ʳ.   330. 1ʳ.

150. **766.** Idem; *épreuve magnifique*, terminée excepté les mains, ainsi que les bords de l'estampe des deux côtés, et d'en haut. . . . . » 2ᵐᵉ.   » 2ᵐᵉ.

150. **767.** Idem; les mains et le bas du peignoir couverts de tailles, etc., ancienne et *belle épreuve*, avant la division de la muraille, non mentionnée; EXTRÊMEMENT RARE.

25. **768.** Idem. . . . . » 3ᵐᵉ.   » 3ᵐᵉ.

10. **769.** Étude pour la grande mariée Juive. 341.   331.
     770. Idem; *belle épreuve* d'un ton vigoureux.

11. **771.** La petite mariée Juive; première épreuve, chargée de barbes. . . . 342.   332. (Collect. *Denon*.)

772. Idem; *sur papier de chine.* (Collect. *Denon*.)

9. **773.** Vieille femme assise; *belle épreuve.* 343.   333. Voyez *Claussin*, Suppl. P. 37, N°. 85.

9.75 **774.** Idem, en tout comme le précédent.

6. **775.** Idem, la tête, le mantelet ainsi que le fauteuil, plus ombrés. (Collect. *Denon*.)

	BARTSCH. N°. état.	CLAUSSIN. N°. état.	
776. Autre vieille femme assise.	344.	334.	7.
777. Idem.			15.
778. La liseuse, avec le contour du nez interrompu.	345. Ir.	335. Ir.	11.
779. Idem, le contour à la pointe du nez continué.	» 2me.	» 2me.	10.
780. Femme coiffée en cheveux.	347.	337.	10·50
781. Vieille femme coiffée à l'orientale; belle épreuve.	348. 2me.	338. 2me.	
782. Idem.			20.
783. Idem.			
784. Buste de la mère de Rembrandt; belle épreuve, sur papier de chine.	349.	339.	10.
785. Idem.			9.
786. Idem.			
787. Vieille femme qui dort.	350.	340.	8.
788. Tête de la mère de Rembrandt regardant en bas, la planche coupée, avec larges marges. (Collect. *Dumesnil*.)	351. 2me.	341. 2me.	14.
789. Idem et la Copie.			5.
790. Tête de la mère de Rembrandt.	352.	342. 2me.	
791. Idem.			20.
792. Tête de la mère de Rembrandt; belle épreuve.	354.	343.	8.
793. Vieille femme avec voile noir.	355. Ir.	345. Ir.	
794. Idem, avec les contretailles ajoutées à l'ombre de l'epaule.	» 2me.	» 2me.	16.
795. Idem, plus terminée.	» 3me.	» 3me.	
796. Idem, avec des tailles sur la guimpe et la fourrure plus travaillée; 4me. état; non décrit.			

		BARTSCH. N°. état.	CLAUSSIN. N°. état.
5.	797. Jeune fille avec panier. . . . . 356.		346.
4.75	798. Idem.		
31.	799. Mauresse blanche; la planche est diminuée. . . . . 357. 2me.		347. 2me.
100.	800. Idem, la planche plus grande; *rare.* » 1r.		» 1r.
	(Collect. *Pôle Carew.*)		
	801. Tête de femme, *belle épreuve*, avec le fond tant soit peu sale. . . . 358.		348. 2me.
16.	(Collect. *Dumesnil.*)		
	802. Idem.		
12.	803. Femme avec grande cornette. . . 359.		349.
22.50	804. Tête de vieille femme; morceau *fort rare.* . . . . 360.		350.

DOUZIÈME CLASSE.

Études de Têtes et Griffonnements.

		BARTSCH. N°. état.	CLAUSSIN. N°. état.
290.	805. Griffonnements où se voit la tête de Rembrandt, la planche tachée au dessus de la tête de Rembrandt; *épreuve magnifique* chargée de barbes, PRESQUE UNIQUE. . . . . 363. 1r.		353. 1e.
	(Collect. *Dumesnil et Claussin.*)		
7.	806. Idem; la planche moins large nettoyée et rognée sur la gauche. . . » 2me.		» 2me.

	BARTSCH. N°. état.	CLAUSSIN. N°, état.	
807. Études de six têtes, au milieu des quelles le portrait de la femme de Rembrandt ; *belle épreuve* avec des marges.	365.		*11.50.*
808. Idem. ————————————		——	*10.*
6. 809. Étude de trois têtes de femmes. . .	367.	357. 2me.	*9.*
a. 6. 810. Trois têtes de femmes, dont une qui dort.	368.	358.	*9.*
811. Griffonnements, gravés, dans plusieurs sens sur la planche. . . .	369.	359.	*14.*
812. Griffonnements, où se voit la tête de Rembrandt ; légérement gravée ; *rare*.	370.	360.	*15.*
813. Griffonnement, avec un arbre. . .	372.	362.	*10.*
814. Trois têtes de Vieillards ; *très rare*.	374.	364.	*30.50*
815. Étude d'une tête de femme ; TRÈS RARE.	375.	365.	*3r.*

Les n.ᵒˢ 816 a 1157, ensemble.

OEUVRE DE FERDINAND BOL.

	BARTSCH. II Vol.		CLAUSSIN. Oeuvre de BOL.		
	Nᵒ.	état.	Pag.	Nᵒ.	état.
816. Le Sacrifice d'Abraham; *belle épreuve*.	1.		41.	1ᵒ P.	2ᵐᵉ.
Voyez *Claussin*, École de Rᴇᴍʙʀ, Pag. 210, Nᵒ. 371.					
817. Le Sacrifice de Gideon; *épreuve superbe*, état non décrit; *rare*.	2.	1ʳ.	42.	2.	1ʳ.
818. St. Jérôme; ancienne et *belle épreuve*, avec les coins très sales.	3.		43.	3.	
Voyez *Claussin*, École de Rᴇᴍʙʀ., Pag. 210, Nᵒ. 372. (Collect. *Dumesnil*.)					
819. La Famille, *belle épreuve*.	4.			4.	
820. Idem, d'un ton plus grisâtre.					
821. Un Philosophe en méditation.	5.	2ᵐᵉ.	44.	5.	
Voyez *Claussin*, École de Rᴇᴍʙʀ., Pag. 211, Nᵒ. 374.					
822. Un Vieillard Philosophe, *épreuve superbe*, avec ses barbes, avant le nom et l'année, non mentionnée.	6.	2ᵐᵉ.	45.	6.	2ᵐᵉ.
Voyez *Claussin*, École de Rᴇᴍʙʀ., Pag. 212, Nᵒ. 375. (Collect. *Dumesnil*.)					
823. Idem, avec le nom et l'année, épr. ébarbée. (Collect. *Dumesnil*.)					

	BARTSCH. II Vol. N°. état.		CLAUSSIN. Oeuvre de BOL. Pag. N°. état.		

824. Un Vieillard assis ; *épreuve superbe,* chargés de barbes; *rare.* . . . . . — **7. 2me.** — **45 7.**
Voyez *Claussin,* École de REMBR., Pag. 212, N°. 376.

825. Astrologue, avec le fond sous l'arcade, jusqu'au bonnet de l'astrologue, tout à fait blanc, ainsi que la table sous les mains, et l'encrier presque invisible ; le coin de l'estampe contre le bord supérieur est blanc et les bords de l'estampe en général irreguliers ; 1^r. état non mentionné. . — **8.** — **46. 8.**
Voyez *Claussin,* École de REMBR., Pag. 211, N°. 373.

826. Idem, plus travaillée.

827. Vieillard à barbe frisée; toute première et *superbe épreuve,* chargée de barbes, avec le fond sale, non mentionnée. — **9.** — **» 9.**
Voyez *Claussin,* École de REMBR., Pag. 213, N°. 377.

828. Idem, plus travaillée, 2me. état.

829. Portrait d'Officier. . . . . . . — **11.** — **48. 12.**

830. Portrait d'homme, sans le nom de *Bol,* etc., *superbe* première épreuve, non mentionnée. . . . . — **12.** — **» 13.**

831. Idem, avec le nom, et moins vigoureux de ton, 2me. état.

832. L'Homme à la toque. . . . . . . — **13.** — **» 14.**

833. La Femme à la poire. . . . . . — **14.** — **49. 16.**
Voyez *Claussin,* École de REMBR., Pag. 213, N°. 378.

	BARTSCH. II Vol. N°. état.	CLAUSSIN. Oeuvre de BOL. Pag. N°. état.
834. La Femme à la poire, *épreuve superbe*, chargée de barbes; *sur papier de chine*.	14.	49. 16.
(Collect. *Dumesnil.*)		
835. Portrait de Femme, dans un ovale.	15.	» 17. 2me.
836. Un Moine en méditation; la tête est appuyée sur la main gauche vue en profil, dans le fond à gauche en haut de l'estampe, est écrit *F. Bol f;* non décrit.		
837. Idem, le fond ainsi que l'habit plus travaillés, 2me. état.		
(Collect. *Dumesnil.*)		
838. Portrait d'un personnage noble, entouré de chérubins, portant une couronne; non mentionnée, *très rare* et attribuée à *F. Bol.*		

OEUVRE DE JEAN LIEVENS.

	BARTSCH. Vol. II.	CLAUSSIN. Oeuvre de LIEVENS.		
	N°. état.	Pag.	N°.	état.
839. La Sainte Vierge, avec l'enfant Jésus; toute première épreuve, avant toute lettre, la marge d'en bas non nettoiée; *très rare*, non mentionnée, 1ʳ état.	I.	54.	1.	
840. Idem, *belle épreuve*, avant le monogramme, 2ᵐᵉ. état. (Collect. *Dumesnil.*)				
841. Idem, avec le texte et l'adresse, avant le monogramme; 2ᵐᵉ. état.				
842. Idem, avec le monogramme.				
843. Adoration des bergers; tout premier état, avant le monogramme; non mentionnée.	2.	»	2.	
844. La Résurrection du Lazare; magnifique épreuve, avant l'adresse. . . Voyez *Claussin*, École de Rembr., Pag. 215, N°. 380. (Collect. *Dumesnil.*)	3. 1ʳ.	55.	3.	
845. Idem, avec les retouchemens au burin, et avec l'adresse.	» 2ᵐᵉ,	»	»	» 2ᵐᵒ.
846. St. Jean l'Évangéliste.	4.	»	4.	
847. St. Jerôme; grande planche, avec la partie de rocher à droite de l'estampe; *superbe épreuve*.	5. 1ʳ.	56.	5. 1ʳ.	

	BARTSCH. Vol. II.		CLAUSSIN. Oeuvre. de LIEVENS.		
	N°.	état.	Pag.	N°.	état.
848. St. Jerôme; la planche coupée, avec la partie de rocher noir effacée, etc., et avec l'adresse *de Franc. van Wijngaarde.*	5.	2me.	56.	5.	2me.
849. Idem, sans l'adresse, mais avec le monogramme.	»	3me.	»	»	3me.
850. Idem, retouchée et l'adresse effacée, non mentionnée, 4me état.					
851. St. François; grande planche, à l'eau forte pure, et le fond blanc, sans le chiffre de *Lievens;* ÉPREUVE UNIQUE, non mentionnée.	6.		»	6.	
Voyez *Claussin,* École de REMBR., Pag. 216, N°. 381. (Collect. *Dumesnil.*)					
852. Idem, la planche de la même grandeur que la précédente, non mentionnée; sans le monogramme, EXTRÊMEMENT RARE.					
853. Idem, la planche coupée, *belle épreuve.* (Collect. *Dumesnil.*)	»	2me.	»	»	2me.
854. Anachorète.	7.		57.	7.	2me.
855. St. Antoine; avec le nom de *Joannes Livius* dans la marge; *très rare.*	8.	1r.	»	8.	1r.
856. Idem, le nom remplacé par le monogramme, en haut à droite de l'estampe.	»	2me.	»	»	2me.
857. Uu homme à genoux.	9.		58.	9.	
858. Idem. (Collect. *Barnard.*)					

	BARTSCH. Vol. II.	CLAUSSIN. Oeuvre de LIEVENS.
	N°. état.	Pag. N°. état.
859. Mercure et Argus; avant toute lettre, non mentionnée, 1^r état. (Collect. *Dumesnil*.)	10.	58. 10.
860. Idem, avec l'adresse et le monogramme, 2me état.		
861. Les joueurs et la mort; *belle épreuve*, avec l'adresse de *Mart. van den Ende*. Voyez la remarque de *Claussin*. (Collect. *Dumesnil*.)	11.	59. 11.
862. Idem, avec l'adresse de *Franc v. Wijngaerde*. (Collect. *Dumesnil*.)		
863. Figure Orientale, réduite à la grandeur ordinaire et retouchée.	12.	» 12. 2me.
864. Buste de Capucin.	14.	61. 14.
865. Buste d'homme, avant l'adresse et avec le monogramme, non mentionnée.	15.	» 15.
866. Idem, avec l'adresse et le nom.		
867. Buste de jeune homme.	16.	» 16.
868. Portrait d'homme, moins travaillé aux cheveux, avant l'adresse.	17.	62. 17.
869. Idem, plus travaillé, avec l'adresse de *F. v. Wijngaerde*, 2mo. état.		
870. Idem, 2me. état. (Collect. *Dumesnil*.)		
871. Idem, avec l'adresse effacée et le monogramme renforcé, 3me état, non mentionné.		
872. Une tête Orientale, toute première épreuve, avant l'adresse de *F. v. Wijngaerde*, 1^r état.	18.	» 18.

	BARTSCH. Vol. II.		CLAUSSIN. Oeuvre de LIEVENS.	
	N°.	état.	Pag.	N°. état.
873. Une tête Orientale, avant l'adresse.	18.	1ʳ.	62.	18.
874. Idem, avec l'adresse.	»	2ᵐᵉ.	»	»
875. Buste d'un Oriental; 1ʳ. état ; *belle épreuve*.	20.		63.	20.
876. Idem, les ombres plus fortes, le monogramme renforcé, 2ᵐᵉ état, non mentionné. (Collect. *Dumesnil*)				
877. Tête Orientale; avant l'adresse de *F. v. W.*, 1ʳ. état, non mentionné.	21.		»	21.
878. Idem, avec l'adresse, 2ᵐᵉ état.				
879. Buste de Vieillard ; avant l'adresse et avec le monogramme, 1ʳ. état. . .	22.		»	22.
880. Idem, avant l'adresse, non mentionnée, 1ʳ. état.				
881. Idem, avec l'adresse, 2ᵐᵉ. état.				
882. Idem, avant l'adresse, non mentionnée, 1ʳ. état.				
883. Buste de Vieillard ; avant l'adresse et le monogramme faiblement prononcé, 1ʳ. état.	23.		»	23.
884. Idem, avec l'adresse et le monogramme renforcé, non mentionnée, 2ᵐᵉ. état.				
885. Idem, avec l'adresse, 2ᵐᵉ état. (Collect. *Dumesnil.*)				
886. Idem, idem, 2ᵐᵉ état. (Collect. *Rivoli.*)				

	BARTSCH. Vol. II.		CLAUSSIN. Oeuvre de LIEVENS.		
	N°.	état.	Pag.	N°.	état.
887. Buste de Vieillard; toute première épreuve à l'eau forte pure, non mentionnée, sans le monogramme. . .	24.		64.	24.	
888. Idem, avec le monogramme, et les travaux pour renforcer l'ombre. .	»	2me.	»	»	2me.
889. Jeune femme.	25.			»	25.
890. Buste de jeune homme; sans l'adresse de *Franciscus van den Wijngaerde*, 1r. état.	26.		65.	26.	
891. Idem, avec l'adresse, 2me. état.					
892. Buste de femme, toute première épreuve à l'eau forte pure; avant l'adresse.	27.			»	27.
893. Buste d'homme.	28.			»	28.
894. Buste d'homme, première épreuve. .	29.			»	29.
895. Idem, plus travaillée, 2me. état. (Collect. *Dumesnil.*)					
896. Buste de Vieille femme; épreuve avant toute lettre à l'eau forte pure; non mentionnée, 1r. état. . . . . . (Collect. *Dumesnil.*)	30.		66.	30.	
897. Idem, avec l'adresse, 2me. état.					
898. Idem, avant toute lettre à l'eau forte pure, non mentionnée, 1r. état.					
899. Buste d'homme, gravé sur bois et rehaussé de blanc, *sur papier teinté.*					
900. Buste de Vieillard.	32.			»	32.
901. Le même buste, avant le monogramme, non mentionnée, 1r. état. . . .	33.		67.	33.	
902. Idem, avec le monogramme. (Collect. *Dumesnil.*)					

	BARTSCH. Vol. II.	CLAUSSIN. Oeuvre de LIEVENS.
	Nº. état.	Pag. Nº. état.
903. Buste d'un Oriental, avant le monogramme, Iʳ. état.	34.	67. 34.
904. Idem, avec le monogramme.		
905. Buste de Vieillard.	35.	» 35.
906. Buste d'homme.	38.	68. 38.
907. Buste de jeune homme, à l'eau forte pure.	39.	» 39. Iʳ.
908. Idem, les cheveux retouchés au burin.	»	» » 2ᵐᵉ
909. Buste de Vieille femme, état inconnu. (Collect. *Mariette* et *Rivoli*.)	40.	69. 40.
910. Idem. (Collect. *Dumesnil*.)		
911. Buste d'homme.	41.	» 41.
912. Buste de femme.	42.	» 42.
913. Buste d'homme, la figure légèrement au trait.	43.	70. 43.
914. Idem, plus achevée. (Collect. *Dumesnil*.)		
915. Buste de jeune homme.	44.	» 44.
916. Idem.		
917. Idem, retouchée, non mentionnée. (Collect. *Dumesnil*.)		
918. Femme maure blanche.	45.	» 45.
919. Tête de Vieillard; avant l'ombre et les hachures dans le bonnet et la figure, état inconnu. . . . . . . (Collect. *Mariette*.)	46.	71. 46.
920. Idem, plus travaillée. (Collect. *Dumesnil*.)		

CLAUSSIN. Oeuvre de LIEVENS.	BARTSCH. Vol. II. Nº. état.	CLAUSSIN. Oeuvre de LIEVENS. Pag. Nº. état.
921. Buste d'un Vieillard, moins travaillée 1ʳ. état; non mentionnée.	47.	71. 47.
922. Idem, retouchée au burin; 2ᵐᵉ. état.		
923. Buste d'homme nud, trois exemplaires.	49.	» 49.
924. Buste de Vieillard, 1ʳ. état, avant le monogramme (Collect. *Dumesnil.*)	50.	72. 50.
925. Idem, 2ᵐᵉ. état. (Collect. *Dumesnil*)		
926. Idem, 2ᵐᵉ. état. (Collect. *Mariette.*)		
927. Tête d'homme; sans l'ombre sur le nez, ainsi que sur l'habit à droite de l'estampe, 1ʳ. état, non mentionné.	51.	» 51.
928. Idem, en général plus travaillée, 2ᵐᵉ. état. (Collect. *Dumesnil.*)		
929. Vieillard assis; avant les lettres J. L., 1ʳ. état, moins travaillé.	52.	» 52.
930. Idem, 2ᵐᵉ. état. (Collect. *Dumesnil.*)		
931. Idem.		
932. Vieillard à barbe pointue; *épreuve superbe, très rare.*	53.	
933. Buste de Vieillard.	54.	73. 53.
934. Buste de Vieille femme. (Collect. *Mariette.*)	55.	» 54.
935. Idem.		

	BARTSCH. Vol II.	CLAUSSIN. Oeuvre. de LIEVENS.
	N°. état.	Pag. N°. état.
936. Portrait d'Ephraïm Bonus; *superbe* et toute première épreuve, avant toute lettre, Ir. état, non mentionné.	56.	74. 55.
937. Idem, avec les vers latins, mais avant l'adresse, 2me. état; non mentionné.		
938. Idem, avec les vers latins et l'adresse de *Clément de Jonghe;* épreuve ancienne, 3me. état. (Collect. *Dumesnil.*)		
939. Portrait de Juste Vondel, avant le nom, l'adresse et le Paysage, épreuve retouchée à l'encre de chine, non mentionnée, EXTRÊMEMENT RARE. Voyez *Claussin,* Supl., p. 216. N°. 382.	57.	74. 56.
940. Idem, avant le nom et l'adresse, entre 3me. et 4me. état de *Claussin, très rare.*		
941. Idem, avec l'adresse de *A. de Wees*	»	» » 4me.
942. Portrait de Daniel Heinsius.	58.	75. 57.
943. Portrait de Jaques Gouter; *belle épr.*	59.	» 58.
944. Buste de Vieillard, gravé en bois, *sur papier de chine.*	60.	76. 59.
945. Buste d'homme, gravé en bois, non mentionné. (Collect. *Barnard* et *Esdaile.*)		
946. Un noble Vénitien; le visage moins travaillé, le monogramme différent; non mentionnée.	61.	» 60.
947. Idem.		

	BARTSCH. Vol. II. N°. état.	CLAUSSIN. Oeuvre de LIEVENS. Pag. N°. état.
948. Les quatre Evangelistes. . .	64 et 65.	
949. Saint Marc, séparément; épreuve à l'eau forte pure; non mentionnée. (Collect. *Dumesnil.*)	65.	77. 64.
950. Un Vieillard à barbe blanche. . .	66.	78. 65.
951. Idem.		
952. Le Portrait de Gasparus Strezo; *épreuve superbe.*		» 67.
953. Idem, l'estampe coupée en haut et à droite.		
954. Portrait de Robert South; 1ʳ. état.		80. 70.
955. Idem, 2ᵐᵉ. état.		
956. Portrait d'une vieille dame; non mentionnée, attribuée à *Lievens.*		
957. Tête de Vieillard à barbe flottante, non mentionnée. (Collect. *Dumesnil.*)		
958. Buste d'un Garçon à cheveux crépus, non mentionnée. (Collect. *Dumesnil.*)		
959. Titre pour un ouvrage, intitulé » Diverse Tronikens, de J. L."; non mentionnée. (Collect. *Dumesnil.*)		

OEUVRE

DE

JEAN GEORGE VAN VLIET.

—————

	BARTSCH. Vol. II.		CLAUSSIN. Oeuvre de VAN VLIET.		
	N°.	état.	Pag.	N°.	état.
960. Loth et ses filles , d'après *Rembrandt*, avant les tailles, dans le coin au haut de la planche; épreuve inédite. Voyez *Claussin*, Sup., p. 207. N. 367.	1.		84.	1.	1ᵣ.
961. Idem, plus travaillée.	»		»	»	2ᵐᵉ.
962. Isaac et Esau, d'après *J. Lievens;* belle *épreuve.*	2.		85.	2.	
963. Idem.					
964. Susanne et les Vieillards, d'après *Lievens*, la planche coupée. . .	3.		»	3.	
965. Idem, *épreuve magnifique.*					
966. Résurrection de Lazare, avec le fond blanc, état inconnu.	4.		86.	4.	
967. La Cène, belle épreuve	5.		»	5.	
968. Idem.					
969. Jésus Christ saisi par les Juifs; état non mentionné.	6.		»	6.	
970. Idem , 2ᵐᵉ. état.					
971. L'Ecce Homo; état non mentionnée.	7.		»	7.	
972. Idem , 2ᵐᵉ. état.					

	BARTSCH. Vol. II.		CLAUSSIN. Oeuvre de VAN VLIET.		
	N°.	état.	Pag.	N°.	état.
973. La Crucification; avec le fond blanc à droite de l'estampe	8.	1ʳ.	87.	8.	1ʳ.
974. Idem, avec le fond couvert de tailles.	»	2ᵐᵉ.	»	»	2ᵐᵉ.
975. Jésus Christ transporté dans le tombeau. , ...	9.		»	9.	
976. Idem, moins vigoureux de ton.					
977. La Résurrection.	10.		»	10.	
978. Idem.					
979. La Samaritaine, d'après *J. Schooten,* belle épreuve.	11.		88.	11.	
980. Saint Jérôme, d'après *Rembrandt,* épreuve superbe.	13.		89.	13.	
Voyez *Claussin,* Sup , p. 208. N. 368.					
981. Idem, épreuve moins vigoreuse.					
982. St. Jérôme; avant l'adresse de *Visscher,* 1ʳ. état, non décrit.	14.		»	14.	
Voyez *Claussin,* Sup., p. 208, N. 369.					
983. Idem, avec l'adresse, 2ᵐᵉ. état.					
984. Le Vendeur de chansons; avant l'adresse de *Visscher* et *J. Covens,* 1ʳ. état.	15.		»	15	
985. Idem, avec l'adresse, non mentionnée.					
986. Les Débauchés; *belle épreuve,* avant l'adresse de *Peyenaar.*	16		90.	16.	
987. Gogaille de paysans.	17.		»	17.	
988. Vieille femme lisant, d'après *Rembrandt;* l'ombre de la main ainsi que le manteau, avant les derniers travaux; état non décrit.	18.		91.	18.	
Voyez *Claussin,* Supp. p. 307, N. 366.					

	BARTSCH. Vol. II.	CLAUSSIN. Oeuvre de VAN VLIET.
	N°. état.	Pag. N°. état.
989. Vieille femme lisant, les ombres plus fortement prononcées. . . .	18.	91. 18.
990. Buste d'homme, d'après *Rembrandt.*	19.	» 19.
991. Idem , avec larges marges.		
992. Buste d'un Oriental; d'après *Rembrandt.*	20.	» 20.
993. Idem , épreuve retouchée.		
994. Buste d'homme riant, d'après *Rembrandt.*	21.	92. 21.
995. Idem.		
996. Homme affligé, d'après *Rembrandt;* épreuve superbe, 1ʳ. état, avant l'adresse.	22.	» 22.
997. Idem.		
998. Idem , avec l'adresse de *Danckerts,* 2ᵐᵉ. état.		
999. Buste de Vieillard, d'après *Rembrandt.*	23.	» 23.
1000. Idem , *épreuve superbe.*		
1001. Idem.		
1002. Buste d'un Oriental, d'après *Rembrandt.* . . . . . , . . .	24.	93. 24.
1003. Idem.		
1004. Buste de Vieillard, d'après *Rembrandt.* . . . . (Collect. *Dumesnil.*)	25.	» 25.
1005. Buste d'officier, d'après *Rembrandt;* avant l'adresse.	26.	93. 26.
1006. Idem, *belle épreuve*, en tout comme la précédente.		

	BARTSCH. Vol. II.		CLAUSSIN. Oeuvre de VAN VLIET.		
	N°. état.		Pag.	N°.	état.
1007. Buste d'officier ; d'un ton beaucoup plus faible, avec l'adresse de *Hugo Allard, séparée de l'estampe.*	26.		93.	26.	
1008. Le Gout , *belle épreuve.*	27.		94.	27.	
1009. L'Ouïe, idem.	28.		»	28.	
1010. L'Odorat, avec le nom J. G v. Vliet, au bas de l'estampe.	29.		»	29.	
1011. Le Toucher , avant l'adresse ; *belle épreuve ,* non mentionnée.	30.		»	30.	
1012. Idem , avec l'adresse de *Clem. de Jonghe ;* 2me. épreuve.					
1013. La Vue, *très belle épreuve.*	31.		95.	31.	
1014. Suite de dix-huit estampes , les Arts et les Métiers. Les N°s. 33, 36, 37, 38, 39, 40, 43, 46, 47, 48, 49, en double.	32 à 49.		»	32 à 49.	
1015. Le Mathématicien ; *belle épreuve.*	50.		98.	50.	
1016. Idem.					
1017. Les Joueurs de cartes ; *belle épreuve ,* avec les bords raboteux, non mentionnée.	51.		»	51.	
1018. Idem , 2me. état.					
1019. L'Aracheur de dents ; estampe d'un ton vigoureux.	53.		99.	53.	
1020. Idem.					
1021. Les Joueurs de trictrac, toute première épreuve. (Collect. *Dumesnil.*)	54.		»	54.	
1022. Idem.					

	BARTSCH. Vol. II.	CLAUSSIN. Oeuvre de VAN VLIET.
	N°. état.	Pag. N°. état.

1023. Le Vendeur de mort aux rats; état
  non mentionné. . . . . . . 55.   100. 55.

1024. Idem, 2me. état.

1025. La Famille; *très belle épreuve.* . 56.   » 56.
  (Collect. *Dumesnil.*)

1026. Idem.

1027. Buste de Vieillard. . . . . . 58.   101. 58.

1028. Suite de quatorze pièces, de différentes Figures, avant l'adresse. 59 à 72.   » 59 à 72.

1029. Idem, même suite, avec l'adresse
  de *Danckerts.*

1030. Idem, même suite, l'adresse effacée.

1031. Différents Gueux ou Mendiants,
  suite de dix pièces. . . . 73 à 82.   101. 73 à 82.
  Voyez *Claussin,* Sup. p. 209, N°. 370.

1032. Suite de différentes Figures seules,
  dix pièces, le titre en double. 83 à 92.   103. 83 à 92.

1033. Idem, même suite, onze pièces.

1034. Jésus et Nicodème, par VAN VLIET,
  non mentionnée, *belle épreuve,*
  avec la marge non nettoyée.

PIÈCES GRAVÉES PAR DIFFÉRENTS MAITRES,

DANS UN GOUT PLUS OU MOINS APPROCHANT

CELUI DE *REMBRANDT*.

	B. Vol. II. Ps. Anonym. Pag. 94.	Cl. Suppl. Ps. Douteuses. Pag. 104.		
	Nº. état.	Pag.	Nº.	état.
1035. Booz et Ruth.	2.	106.	7.	
1036. Nativité de Jésus Christ; *rare.* .	4.	107.	9.	
1037. Un Repos en Egypte; *rare.* . .	6.	108.	11.	
1038. La Circoncision; 1re. épreuve. . .	7.	»	12.	
1039. Idem; 2me. épreuve.				
1040. Ecce Homo; *fort rare.*	11.	110.	16.	
(Collect. *Dumesnil.*)				
1041. Saint Pierre délivré de prison par l'ange; toute première épreuve, *fort rare.*	13.	111.	18.	
(Collect. *Esdaile.*)				
1042. Idem; *rare.*				
1043. Église Protestante; avant les deux barres de fer à la chaire; *rare.* .	17.	112.	22.	2me.
1044. Idem, avec les deux barres de fer.	»	»	»	3me.
1045. Kermesse avec charlatans; toute première et *belle épreuve*, à l'eau forte pure, beaucoup moins travaillée; EXTRÉMEMENT RARE. . . .	18.	114.	24.	
1046. Idem; 2me. épreuve.				
1047. Charlatan.	19.	»	25.	
1048. Bataille.	20.	115.	26.	

	B. Vol. II. Ps.Anonym. Pag. 94.	Cl. Suppl. Ps.Douteuses. Pag. 104.	
	N°. état.	Pag.	N°. état.
1049. Paysan debout, et le bis. . . .	24.	116.	30.
(Collect. *Dumesnil.*)			
1050. Buste d'homme.	27.	117.	31.
1051. Le Tailleur de plumes; première épreuve, non mentionnée. . . .	28.	118.	34.
1052. Idem, 2me. épreuve.			
1053. Écolier qui écrit; *belle épreuve, rare.*	29.	»	35.
1054. Jeune homme à mi-corps, et le bis.	30.	119.	36.
1055. Buste de Vieillard.	31.	»	37.
1056. Idem.			
1057. Buste de Vieillard, par H. D. THIER; *très rare.*	37.		
1058. Vieillard à grande barbe, assis, Ir. état, et le bis.	38.	121.	44.
1059. Idem, sans la tache sur la poitrine, 2me. état.			
1060. Vieillard à tête chauve et barbe blanche.	39.	»	45.
(Collect. *Dumesnil.*)			
1061. Buste de Vieillard.	41.	122.	47.
1062. Klaas van Rijn.	43.	123.	49.
1063. Une femme devant une fenêtre. .	52.	126.	58.
(Collect. *Dumesnil.*)			
1064. Trois Dromadaires.	59.	128.	65.
(Collect. *Dumesnil.*)			
1065. Buste de Guerrier.	64.	131.	71.
1066. Autre buste de Guerrier. . . .	65.	»	72.
1067. Portrait de jeune homme, par GERBRAND VAN DEN EECKHOUT; épreuve non mentionnée. . . .	66.	»	73.

	B. Vol. II. Ps. Anonym. Pag. 94.		Cl. Suppl. Ps. Douteuses. Pag. 104.	
	N°.	état.	Pag.	N°. état.
1068. Sujet historique, par G. VAN DEN EECKHOUT ; non mentionnée, *rare*.				
1069. Jésus Christ et la Samaritaine, par GREBBER.	67.		132.	74.
1070. Buste de Vieillard, par S. KONINCK, et le bis. . . . . (Collect. *Dumesnil*.)	68.		»	75.
1071. Buste d'un Oriental, par le même.	69.		»	76.
1072. Vieillard assis dans un fauteuil, par le même.	71.		133.	78.
1073. Judas et Thamar, par PIERRE LASTMAN.	74.		134.	81.
1074. Idem, *très belle épreuve*. (Collect. *Dumesnil*.)				
1075. Portrait de J. Lutma, le père, par J. LUTMA, LE FILS.	75.		135.	83.
1076. Jacob et Esau, par RODERMONT. (Collect. *Dumesnil*.)	77.		»	84.
1077. Idem, par le même.				
1078. Le Suppliant, par le même, et le bis.	78.		136.	85.
1079. Portrait de Jean Second, par le même.	79.		»	86.
1080. Un Berger assis, par VERBEECQ. (Collect. *Dumesnil*.)	83.		138.	90.
1081. Idem.				
1082. Paysage, par B. WILSON. . . .	87.		139.	94.

PIÈCES GRAVÉES PAR DIFFÉRENTS ARTISTES,

D'APRÈS *REMBRANDT, FERDINAND BOL* ET *JEAN LIEVENS,*

DONT ON TROUVE LA DESCRIPTION DANS LES CATALOGUES DE GERSAINT ET DE P. YVER.

	B. II Vol. Appendice. Pag. 145.		Cl. Suppl. Appendice. Pag. 141.		
	N°.	état.	Pag.	N°.	état.
1083. Saint Anastase, d'après *Rembrandt,* par BAILLEY.	2.	1^r.	141.	2.	1^r.
1084. Idem, avec le titre et l'adresse.	»	2me.	»	»	2me.
1085. Portrait de Rembrandt, à la manière noire, par VAN GOLE. . .	40.		142.	4.	
1086. Les Disciples d'Emaüs, par HOUBRAKEN, 2me. épreuve. . . .	41.		151.	41.	
1087. Idem, 3me. épreuve.					
1088. David jouant de la harpe, par P. LEEUW, 1re. épreuve. . . .	44.		152.	44.	
1089. Buste d'homme, par C. MATTHUS.	93.		165.	94.	
1090. Nimphe endormie avec des satirs, non mentionnée.					
1091. Jean de Heem, par P. PONTIUS.	95.		166.	96.	
1092. Nicolas l'Anier, par LUCAS VORSTERMANS.	100.		167.	101.	
1093. Lucas Vorstermans, par VAN DEN WYNGAERDE.	101.		168.	102.	

PIÈCES DIVERSES,

NON MENTIONNÉES PAR *BARTSCH* OU *CLAUSSIN*.

1094. Renesse. Le Profète Elie; *belle épreuve*, chargée de barbes.

1095. ———— (D'après) Le Portrait de Rembrandt, avec le glaive.

1096. ———— Joseph et ses Frères.

1097. ———— Pharaon et son armée dans la mer rouge; 1re. épreuve non ébarbée.

1098. ———— Paysage montagneux.

1099. ———— Buste d'un jeune homme.

1100. ———— L'Arracheur de dents.

1101. ———— Fête Champêtre.

1102. ———— Idem.

1103. Buste d'homme à longs cheveux et bonnet plat.

1104. Portrait d'homme.

1105. Buste d'homme, en ovale.

1106. Jeune femme au bain.

1107. Portrait de Renesse; toute première et *belle épreuve.*

1108. Idem.

1109. De Bray. Ecce Homo; gravure en bois.

1110. ———— Portrait de Seb. Munst; idem.

1111. ———— Le Christ à la croix; idem.

1112. ———— Le Troupeau en marche.

1113. ———— Idem.

1114. L. Bramer.   Sujet allégorique.

1115. J. van Noordt.   Paysage avec des rochers et un temple en ruine.

1116. —————   Troupeau en répos; *belle épreuve.*

1117. —————   Idem, plus travaillée.

1118. H. Heerschop.   Vénus endormie, avec Cupidon à ses côtés, épiée par des satirs.

1119. —————   Un vieillard à tête chauve et longue barbe, en méditation.

1120. —————   La famille du Laboureur.

1121. —————   Pièce allégorique.

1122. Lievens ou S. Koninck.   Buste de vieillard; épreuve à l'eau forte pure, 1r. état.
(Collect. *Dumesnil.*)

1123. —————   Même buste; 2me. état.
(Collect. *Dumesnil.*)

1124. —————   Une dame se reposant dans un bois.

1125. —————   Buste d'un vieillard.

1126. —————   Sept pièces, bustes de vieillards et de vieilles femmes.

1127. C. Hoekgeest.   Intérieur d'une église; 1e. épreuve, avant toute lettre.

1128. —————   Idem, avec l'adresse et le nom du graveur; 2me. épreuve.

1129. Rodermont.   Portrait de Sir William Waller.

1130. —————   Idem; *épreuve superbe,* d'un ton vigoureux, et d'une exécution spirituelle, DE LA PLUS GRANDE RARETÉ.

1131. **Rodermont.**   Buste d'un officier.
(Collect. *Dumesnil.*)

1132. ————   Buste d'une femme.
(Collect. *Dumesnil.*

1133. ————   Buste de vieillard.

1134. **A. v. Does.**   Le buveur joijeux.
(Collect. *Dumesnil.*)

1135. **De Grebber.** (Attribuée à) Joseph racontant ses songes.
(Collect. *Dumesnil.*)

1136. **G. Dou.** (Attribuée à)   Abraham et Isaac; estampe cintrée.

1137. ——————————   Le Sacrifice d'Abraham interrompu par l'ange.

1138. ——————————   Les fils de Jacob montrent l'habit de Joseph à leur père.

1139. ——————————   Joseph et la femme de Putiphar.

1140. Repos en Egypte.

1141. Un paysan et une paysane assis; non mentionnée.

1142. Deux femmes dans un paysage.

1143. Un buste d'homme Oriental.
(Collect. *Esdaile.*)

1144. Un sacrifice.

1145. Trois pièces, peut-être par **Rodermont.**

1146. Un paysan assis.

1147. Un homme debout vu de profil, avec un bonnet pointu, marqué *Rembrandt* 1657.
(Collect. *Dumesnil.*)

1148. La descente de la croix.

1149. Fuite en Egypte.

1150. La Madelaine pénitente.

1151. Tête d'homme à cheveux et barbe crépus, avec un bonnet surmonté d'un panache pendant.
(Collect. *Dumesnil.*)

1152. Buste de vieillard à barbe courte, d'un travail spirituel.
(Collect. *Dumesnil.*)

1153. Buste d'homme, avec cheveux crépus et moustaches.

1154. Deux paysages.

1155. Philosophe devant une table.

1156. Une femme nue assise.

1157. Le sacrifice de Salomon.

NOTE.

—————◆—————

Les différents états de l'ECCE HOMO, (ʙᴀʀᴛsᴄʜ, Nᵒ. 77, ᴄʟᴀᴜssɪɴ, Nᵒ. 82. Voyez pag. 15 de ce *Catalogue*) lesquels à cause de leur dimension ont probablement été mis dans un Portefeuille séparé, par Mr. le Baron ᴠᴇʀsᴛᴏʟᴋ, n'on pu être retrouvés jusqu'ici. Si toutefois on en fit la découverte avant le commencement de la Vente, ils seront vendus séparément, sous le Numéro 219*.

NB. Les Estampes dont on n'a pas mentionné les Collections dont ils proviennent, peuvent être considérés, comme ayant fait généralement partie de la Collection du *Comte de Fries.*

—————◆—————

à *AMSTERDAM*, chez

G. LAMBERTS,

Kloveniers-Burgwal.